WETTERSTEIN MIT MIEMINGER KETTE

Gebietsführer für Wanderer und Bergsteiger

HELMUT PFANZELT

Wetterstein mit Mieminger Kette

Gebietsführer für Wanderer und Bergsteiger

Mit 56 Schwarzweißabbildungen
sowie einer farbigen Wanderkarte 1:50 000
des Bayerischen Landesvermessungsamtes
und einem aktuellen Anhang
„Die Symptome der Waldschäden“

BERGVERLAG RUDOLF ROTHER GMBH · MÜNCHEN

Umschlagbild:

Zugspitze (links) und Riffelscharte (rechts) von den Knappenhäusern.
Foto: Ingomar Heidler

Bild gegenüber der Titelseite:

Tiefblick vom Gipfel der Zugspitze auf den Waxensteinkamm. Von der Großen Riffelwand (ist der dreizackige Gipfel) senkt sich ein Seitengrat über die Kleine Riffelwand zu den Riffelköpfen. Rechts von diesem Grat der Höllentalferner. Am Ende des Kammes der Große Waxenstein und (gerade noch aus dem Nebelmeer ragend) der Kleine Waxenstein.
Foto: W. Fischer

Bildnachweis (Seitenzahlen):
Beckert OHG 33, 77, 147; W. End 149; W. Fischer 37, 51, 74/75, 113, 134/135, 169, 177; R. Henneberger 87; H. Huber KG 23, 59, 67; H. Krämer 97, 101, 182; H. Müller-Brunke 185; H. Pfanzelt 71, 81, 229; K. Puntschuh 39, 110, 115, 127, 131, 139, 141, 145, 167, 173, 181, 193, 209, 217; R. Rother 54/55, 121, 143, 158/159, 165, 189; F. Thorbecke 41, 79, 151, 153, 171; R. Wutscher 201, 203, 205, 207, 211, 213, 219, 223.

Der Text aller in diesem Führer beschriebenen Touren wurde nach bestem Wissen und Gewissen des Autors ausgearbeitet. Dieser und der Verlag können jedoch keine Gewähr für die Richtigkeit der Angaben übernehmen.

Bergverlag Rudolf Rother GmbH, München

7., überarbeitete Auflage 1994
ISBN 3-7633-3129-8
Gesamtherstellung Rother Druck GmbH, München
(2375/31046)

Vorwort

Der vorliegende „Gebietsführer Wetterstein“ soll dem Bergwanderer und Bergsteiger im Bereich begrenzter Schwierigkeitsgrade als Berater dienen. Er erfaßt alle bedeutenderen kleinen und größeren Bergwanderungen, Übergänge und Verbindungswege. Außerdem ist er bestrebt, mindestens einen Anstieg für jeden Gipfel zu beschreiben, wobei Routen mit Schwierigkeitsgrad III nicht enthalten sind. Für solche Touren wird auf den im Bergverlag Rudolf Rother erschienenen Spezialführer „AVF Wetterstein“ verwiesen.

Wegen der großen Zahl von Gelegenheitsbergsteigern im Wettersteingebiet sei ausdrücklich darauf verwiesen, daß weniger Bergerfahrene gut daran tun, fachlichen Rat einzuholen und unter Umständen Bergfahrten nur mit einem staatlich geprüften Bergführer zu unternehmen. In der Hochregion müssen hohe Anforderungen an die Bergerfahrung und Ausrüstung gestellt werden. Insbesondere muß bei der Begehung sogenannter gesicherter Klettersteige beachtet werden, daß die Sicherungen nicht immer und überall im besten Zustand sein können. Besonders verhängnisvoll können sich in großer Höhe Wetterstürze und Blitzschlag auswirken.

Die Schädigung der Vegetation durch Umweltgifte (Luftschadstoffe) hat leider auch vor den Wäldern unserer Heimatberge nicht Halt gemacht. Wenn sich auch die Waldschäden glücklicherweise in Grenzen hielten, ist Entwarnung nicht geboten. Der Kampf für Reinhaltung von Luft, Wasser und Boden muß weitergehen, bis auch die letzten Altlasten beseitigt sind! Möge die Erkenntnis wachsen, daß wir in Zukunft mehr Einsicht aufbringen müssen für die Notwendigkeit von kostspieligen Maßnahmen, die unerläßlich sind, einen ökologischen Zusammenbruch zu verhindern!

Das Wettersteingebirge ist zum großen Teil Naturschutzgebiet. Wanderer und Bergsteiger sollten ihre Abfälle (leere Flaschen, Dosen, Plastiktüten etc.) überall in Rucksack oder Tasche mit ins Tal nehmen und nicht Wegränder damit verzieren, oder Felsenritzen mit Müll füllen. Auch Abkürzungen, die Vegetation und Wege zerstören, passen nicht zum Bergerlebnis. Bitte tragen Sie dazu bei, die Schönheit unserer eindrucksvollen Bergwelt zu erhalten.

Garmisch-Partenkirchen im Herbst 1993

Helmut Pfanzelt, Bergführer

Alpine Auskunft

Mündliche und schriftliche Auskunft in alpinen Angelegenheiten für Wanderer, Bergsteiger und Skitouristen

→ **Deutscher Alpenverein**

Montag bis Mittwoch von 9 bis 12 Uhr
und 13 bis 16 Uhr,
Donnerstag von 9 bis 12 Uhr
und 13 bis 18 Uhr
Freitag von 9 bis 12 Uhr
D-80538 München, Praterinsel 5
Telefon (089) 29 49 40
[aus Österreich 06/089/29 49 40]
[aus Südtirol 00 49/89/29 49 40]

→ **Österreichischer Alpenverein**

Donnerstag und Freitag von 8.30 bis 17 Uhr
Alpenvereinshaus
A-6020 Innsbruck, Wilhelm-Greil-Str. 15
Telefon (512) 5 95 47
Tirol Informationsdienst
A-6020 Innsbruck, Wilhelm-Greil-Str. 17
[aus der BR Deutschland 00 43/512/53 20-175]
[aus Südtirol 00 43/512/53 20-170 oder -171]

→ **Alpenverein Südtirol**
Sektion Bozen

Montag bis Freitag von 9 bis 12.30 Uhr
und von 15 bis 17.30 Uhr
im Landesverkehrsamt für Südtirol –
Auskunftsbüro
I-39 100 Bozen, Vintlerdurchgang 16
Telefon (04 71) 97 81 41
[aus der BR Deutschland 00 39/471/97 81 41]
[aus Österreich 04/04 71/97 81 41]

Inhalt

I. Einführung

Allgemeines

1. Lage und Begrenzung des Wettersteins

Das Wettersteingebirge wird im W und N durch das von Ehrwald bis Garmisch führende Loisachtal und die Talfurche des Kankerbaches begrenzt. Im O ist das Isartal und im S die Leutascher Ache und das Gaistal bis Ehrwald die Grenze. Zum Wetterstein ist auch der zwischen Mittenwald, Seefeld und dem Leutaschtal liegende Arnstock zu zählen.
Im Kartenbild hat das Wettersteingebirge das Aussehen eines Kometenschweifes, dessen Kopf das Zugspitzmassiv mit der Umrandung des Schneeferners bildet. Von diesem Zentrum mit den höchsten Erhebungen schweifen drei mächtige Flügel nach O. Der nördlichste, der Waxensteinkamm, zieht vom Zugspitz-O-Gipfel zuerst nordostw. und biegt später schwach nach O. Er ist der kürzeste und niedrigste der drei Kämme. Der mittlere, der Höllentalgrat, zieht von der Zugspitze ostw. zum Hochblassen. Vor dem Massiv des Hochblassen zweigt ein Grat ab, der sich über die Grieskarscharte zur Alpspitze aufschwingt. Der südl. Flügel, der Wettersteinkamm, beginnt bei der Einsenkung des Gatterls und verläuft ebenfalls ostw. Seine S-Abstürze bieten einen den Dolomiten ähnlichen Anblick. Der Hochwanner und die Dreitorspitzgruppe bilden seine eindrucksvollsten Erhebungen. Zwischen Scharnitz- und Schüsselkarspitze zweigt ein wenig bedeutender Ausläufer ab, der zur Gehrenspitze aufsteigt. Von der Leutascher Dreitorspitze führt ein Grat, der den Öfelekopf trägt, nach O; der Hauptkamm wendet sich, nach einem kurzen Knick nach N, wieder ostw. und endet bei Mittenwald.
Während das Wettersteingebirge nach S und W durchwegs steil abfällt und nur kurze Vorstufen zeigt, breitet sich an der N-Seite ein vielgestaltiges Mittelgebirge aus. Seine westl. Hälfte, von der Partnach bis Klais, bildet der Wamberger Rücken, seine östl. das Gebiet des Kranzberges oberhalb Mittenwald mit dem Ferchen- und Lautersee.
Zwei tief eingeschnittene Hochtäler, das wildromantische Höllental zwischen Waxensteinkamm und Höllentalgrat, und das Reintal, eines der schönsten Täler der Nördlichen Kalkalpen, zwischen Blas-

engrat und Wettersteinkamm, scheiden die drei Bergzüge voneinander.
Im Wettersteingebirge befinden sich mit dem Schneeferner und dem Höllentalferner zwei Gletscher. Der Schneeferner, einst von bedeutender Ausdehnung, ist als richtiger Gletscher anzusprechen, wenn ihm auch ein charakteristisches Merkmal, wie ein Gletschertor, fehlt. Der kleinere Höllentalferner weist größere Randklüfte auf und bildet nahe seinem nördl. Rand einen kleinen Gletscherbruch. Die Eisdicke beträgt beachtliche 100 m!
Barmsee, Lautersee, Ferchensee, der künstlich angelegte Rießersee mit dem malerischen Hintergrund der Waxensteine, der Badersee und allen voran der große, inselreiche Eibsee, eine Perle der bayerischen Alpenseen, sind beliebte Ausflugsziele. Aber auch die Blaue Gumpe, der Stuibensee und der Schachensee müssen als Hochgebirgsseen genannt werden.
Interessant ist die Tatsache, daß das Klima der Zugspitze auf Grund ihrer Höhe dem von Grönland oder Spitzbergen entspricht. Es empfiehlt sich deshalb eine zweckentsprechende Bekleidung mitzunehmen.

2. Verkehrsverhältnisse, Unterkünfte

Denkbar günstig sind die Zugänge zum Wettersteingebirge. Es sei hier an erster Stelle die von N kommende Bahnlinie München — Garmisch-Partenkirchen — Mittenwald mit ihrer Fortsetzung über Scharnitz und Seefeld nach Innsbruck genannt. Bei Weilheim mündet eine von Augsburg kommende Seitenlinie. Diese ausgezeichneten Verbindungen ermöglichen die Durchführung mancher Bergfahrten von München, Augsburg und Innsbruck in einem Tag. Als Zugang von W ist die Bahnlinie Kempten — Reutte — Garmisch-Partenkirchen zu nennen.
Garmisch-Partenkirchen ist aber auch der Knotenpunkt für zahlreiche Postautostrecken. Von W kommt die Strecke von Lindau; von N die von Linderhof, Oberammergau, Ettal, ebenso die von Kochel, Walchensee über Wallgau und Krün nach Klais und Mittenwald. Von S trifft das Postauto von Innsbruck und Imst über den Fernpaß in Ehrwald und Lermoos auf die Bahn von Reutte.
Für Fahrten im südl. Wetterstein kürzen die von Seefeld und Mittenwald nach Unter- und Oberleutasch führenden Postautolinien die An- und Abmarschwege.
Private Kfz-Verbindungen führen vom Bahnhof Ehrwald nach Obermoos (Talstation der Tiroler Zugspitzbahn), von der Sebastianskir-

Übersichtskarte des Wettersteingebirges

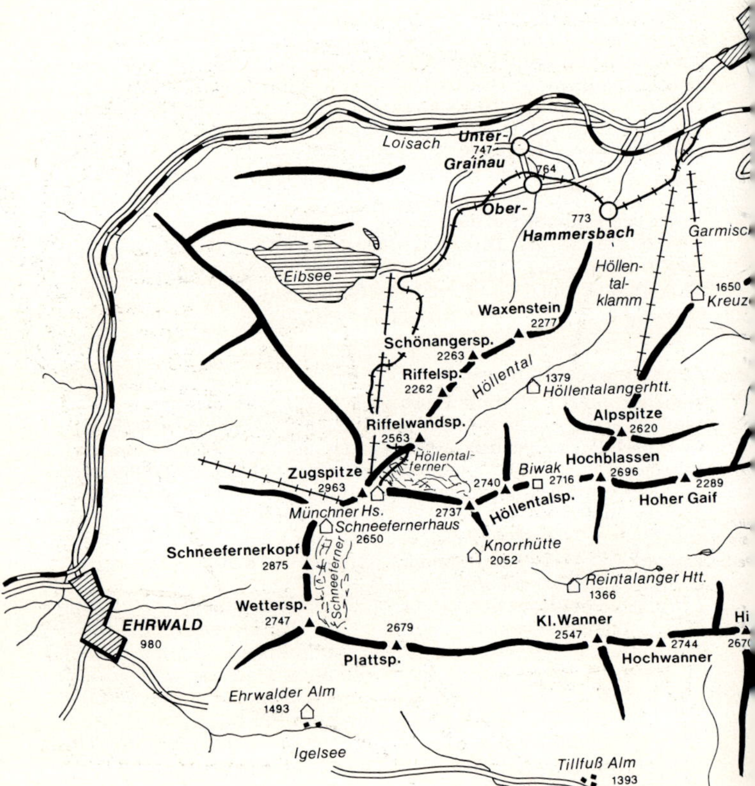

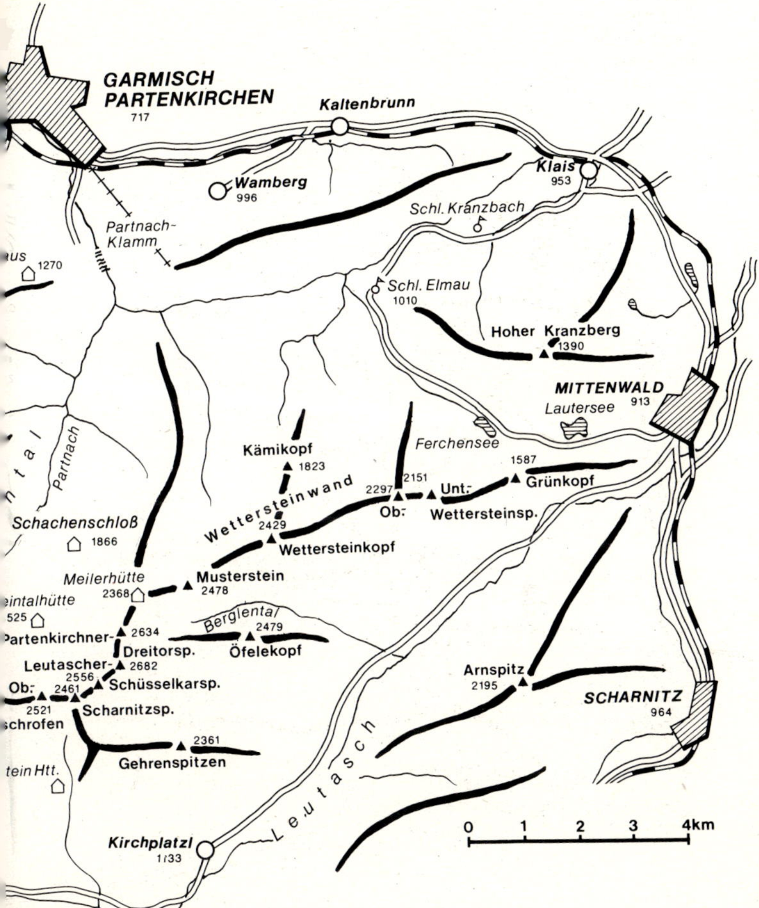
GARMISCH
PARTENKIRCHEN
717
Kaltenbrunn
Wamberg
996
Klais
953
Schl. Kranzbach
Partnach-
Klamm
1270
Schl. Elmau
1010
Hoher Kranzberg
1390
MITTENWALD
913
Lautersee
Ferchensee
Kämikopf
1823
1587
Grünkopf
2297
2151
Unt.
Ob.
Wettersteinsp.
Wettersteinwand
2429
Wettersteinkopf
Partnach
Schachenschloß
1866
Meilerhütte
2368
Musterstein
2478
Berglental
2479
Öfelekopf
Partenkirchner-
2634
Dreitorsp.
Leutascher-
2682
2556
Schüsselkarsp.
Ob.
2461
2521
Scharnitzsp.
schrofen
Arnspitz
2195
SCHARNITZ
964
2361
Gehrenspitzen
Leutasch
Kirchplatzl
0
1
2
3
4km

che in Partenkirchen über den Bahnhof und den Marienplatz in Garmisch nach Grainau und zum Eibsee. Ortsomnibusse in Garmisch-Partenkirchen leiten zum Skistadion (Eckbauerbahn), zur Osterfelder-, Kreuzeck-, Hausberg- und Wankbahn, nach Burgrain und Farchant. Freifahrt für Gäste mit Kurkarte!
An Unterkünften bieten die Talorte durchwegs reiche Auswahl von einfachen Privatquartieren. Jugendherbergen befinden sich in Partenkirchen, Garmisch, Ehrwald und Mittenwald.
Die Erschließung des Wettersteingebirges durch Anlage weitverzweigter Wege und Errichtung zahlreicher Hütten erfolgte durch die AV-S. Garmisch-Partenkirchen, München, Bayerland, Hochland, Mittenwald, den Akademischen Alpenverein München, die Sektion Wiener Neustadt des Österreichischen Touristenklubs, den Touristenverein Die Naturfreunde, die Skiklubs Garmisch und Partenkirchen.
Die meisten Hütten sind im Sommer bew. Auf den AV-Hütten wird Mitgliedern empfohlen, Schlafplätze vorzubestellen. Sehr unterschiedlich sind die Unterkunftsverhältnisse auf den Almen. Einige sind zur Aufnahme von Touristen bereit. Die Hütten- und Verbindungswege sind fast ausnahmslos gut erhalten und bez. Aufgrund der starken Witterungseinflüsse im Hochgebirge können sie jedoch auch bei gewissenhafter Überwachung nicht immer im wünschenswerten Zustand sein.

3. Grenzverhältnisse

Der größte Teil des Wettersteingebirges liegt auf bayerischem, S- und W-Abfall auf österreichischem Boden.
Die Grenze verläuft, vom Plansee kommend, in das Wettersteingebiet westl. der Bahnstation Griesen. Sie steigt über den Rücken der Törlen südöstlich an und schwingt sich von diesem steil zum Gipfel der Zugspitze empor. Weiter verläuft sie, sich immer an die höchste Linie des Grates haltend, rund um das Zugspitzplatt, dann längs des ganzen Wettersteinhauptkammes östl. bis zur unteren Wettersteinspitze. Hier biegt sie nach NO hinunter zum Franzosensteig und folgt dem bewaldeten Rücken über den Grünkopf bis zum Burgberg oberhalb Mittenwald. Von hier östl. absteigend nach SO und ersteigt den Kamm, der zur Großen Arnspitze emporzieht. Von ihr fällt sie östl. hinunter nach Scharnitz, wo die Grenze das Wettersteingebiet wieder verläßt.
Es wird geraten bei Fahrten im Grenzgebiet einen gültigen Personalausweis mitzuführen.

4. Die Geologie des Wettersteingebirges (von Dr. Jürgen Froh)

Das Wettersteingebirge ist geologisch gesehen ein Teil der Nördlichen Kalkalpen, deren Gesteine als Ablagerungsgesteine im Mittelalter der Erdgeschichte entstanden sind. Hauptanteil haben dabei Ablagerungen der Triaszeit, dazu an der Süd- und Westseite des Juras und der Kreide. Alle diese Schichtenfolgen sind als Ablagerungen auf einem Meeresboden entstanden, was aus den in ihnen erhaltenen versteinerten Resten ehemaliger Meerestiere abgelesen werden kann. In Jahrmillionen legte sich hier in einem Meer Schicht auf Schicht, wobei die Ablagerungsbedingungen örtlich und zeitlich wechselten, so daß große Mengen von kalkigen, oder mergeligtonigen, oder mehr sandigen Schlammes in stetem Wechsel übereinander abgelagert wurden, oder Riffe aus Kalkalgen und Korallen emporwuschen. Durch den Druck der sich überlagernden Schichten wurden diese verfestigt und es entstanden die harten Gesteinsschichten, die heute das Gebirge aufbauen.

Die heute sichtbare Lage der Gesteinsschichten ist das Werk der Gebirgsbildung. Am Ende der Kreidezeit wurde das Gebiet Land und dann Gebirge, wobei sich die Schichten aufwölbten, falteten und hoch herausgehoben wurden. Durch Einengung hauptsächlich von Süden gegen Norden wurde der ursprüngliche Bau weiter verändert. Seit dem Auftauchen aus dem Meer haben dann die atmosphärischen Kräfte — besonders während der Eiszeit — das Gebiet umgestaltet. Die Furchen, die die Verwitterung dabei gegraben hat, machen es uns heute möglich, die ursprüngliche Schichtenfolge und deren Umbau durch die gebirgsbildenden Kräfte zu erkennen.

Das älteste Schichtglied im Wettersteingebirge ist der alpine Muschelkalk, ein deutlich geschichteter dunkelgrauer Kalkstein, der am Nord-, West- und Südrand des Gebirges die unteren Partien der Felshänge bildet. Er wird dort von der Partnachklamm durchschnitten und kommt im Innern auch am Höllentalanger, im Oberreintal und Schüsselkar zutage. Der Name der beiden nächstjüngeren Schichtglieder stammt aus dem Wettersteingebirge und wird für gleichalte entsprechend ausgebildete Gesteine in den Nördlichen Kalkalpen verwendet. Es sind dies: Partnachschichten und Wettersteinkalk, das Gipfelgestein des Gebirges. Die dunkelgrauen bis schwarzen Mergel der Partnachschichten und der hellgraue Wettersteinkalk sind gleichzeitig, aber in verschiedenen Ablagerungsräumen entstanden. So ist der Wettersteinkalk der zu Stein gewordene Rest eines großen Riff- und Lagunensystems, das in der unteren Triaszeit im Ablagerungsraum der Nördlichen Kalkalpen exi-

stierte. Man kann heute noch sehr leicht in den massigen, ungeschichteten Teilen die Überreste der ehemaligen riffbauenden Organismen Korallen, Kalkschwämme und vor allem Kalkalgen erkennen. Die Lagunenbereiche, in denen feiner Kalkschlamm abgelagert wurde, zeigen dagegen eine deutliche Schichtung. Während also der Wettersteinkalk eine Flachseebildung ist, entstanden die Partnachschichten im tieferen Wasser an der Außenseite der Riffe. Die leicht verwitternden Partnachschichten findet man an der Vorstufe des Hochgebirges von Klais über dem Eibsee bis Hammersbach. Der Wettersteinkalk bildet das Gipfelgestein aus dem alle inneren Gebietsteile bestehen: Zugspitzplatt-Höllental- und Reintalumrahmung und die Gipfel des gesamten zum Isartal hinunterziehenden Wettersteinkammes. Die Schichten des Obertrias, des Jura und der Kreide spielen beim Aufbau des Wettersteingebirges nur eine untergeordnete Rolle.
Die Gebirgsbildung hat die Gesteine nicht nur gefaltet, sondern auch in größeren Verbänden deckenartig übereinandergelegt. In den mittleren Nördlichen Kalkalpen liegen von Norden nach Süden drei Decken mehr oder weniger übereinander: die Allgäudecke als unterste, die Lechtaldecke und die Inntaldecke als höchste. Das Wettersteingebirge gehört der Lechtaldecke an, die wiederum durch die von Süden nach Norden gerichtete Einengung einen nach Ost-West verlaufenden Faltenbau zeigt. Eine Besonderheit zeichnet das Wettersteingebirge aus: Es ist hier auch eine Ost-West gerichtete Einengung erkennbar. Die Jura- und Kreideschichten des Lermooser Beckens ziehen unter die älteren Untertriasschichten des Wettersteins hinein. Die Hauptmasse des Wettersteingebirges ist hier nach Westen auf jüngere Schichten aufgeschoben. Dies ist der Grund, warum sich der Kamm Zugspitze, Schneefernerkopf, Gatterl so schroff aus seiner westlichen Umgebung erhebt. Ebenso wurde das Wettersteingebirge in der letzten Phase der alpinen Gebirgsbildung nach Süden auf die jüngeren Schichten der sogenannten Puitentalzone überschoben. Die grundlegende Entschlüsselung dieses geologischen Aufbaues des Wettersteingebirges verdanken wir vor allem dem auch als Bergsteiger bekannten Geologen Otto Ampferer.

Zeittabelle des Erdmittelalters
mit den Hauptgesteinsarten des Wettersteingebirges

Kreide 137 Mio Jahre			
Jura 195 Mio Jahre			
Untertrias	Rät	Kössener Schichten	
205 Mio Jahre	Nor	Plattenkalk/Hauptdolomit	
	Karn	Raibler Schichten	
Obertrias	Ladin	Partnach-Schichten	Wettersteinkalk
225 Mio Jahre	Anis	Muschelkalk	
	Skyt		

5. Pflanzen- und Tierwelt

Infolge seiner Bodenverhältnisse weist das Wettersteingebirge keine besonders reichhaltige Flora auf. In der Waldregion überwiegt der Fichtenbestand jenen der Tannen wesentlich. Seltener sind Föhren, ebenso Lärchen, die nur im Gebiet der Ehrwalder Alm, sowie im Gaistal und Leutaschtal in größerem Ausmaß zu finden sind. Der größte Bestand an Zirbelkiefern in der Bundesrepublik findet sich am Schachen. Häufigster Laubbaum ist die Buche. Auch der Bergahorn ist anzuführen. Oberhalb der Waldregion erstreckt sich die Almzone, an die sich die Latschenzone anschließt. Letztere reicht auch da und dort bis zur Waldregion. Zahl- und artenreich sind die auftretenden Moose, die oft freiliegende Kalksteinblöcke ganz überdecken.
An Blumen seien die Soldanelle (soldanelle alpina), Aurikel (primula auricula), Mehlprimel (primula farina), die echte Alpenrose und ihre Verwandten, das Kohlrösl (negritella nigra), die Silberwurz (dryas octopetale) und zahlreiche Steinbrecharten genannt. In vielen Arten ist der Enzian vertreten (gentiana, acaulis, exisa, bavarica, germanica, asclepiades und verna). Sehr selten ist das Edelweiß (leontopodium alpinum) anzutreffen.
Die interessantesten Gebiete für den Pflanzenfreund sind der Schachen, die Tiefere Wies bei Ehrwald, das Höllental und die S-Hänge über dem Leutasch- und dem Gaistal.
Besonders beachtet werden soll, daß das Gebiet des Wettersteingebirges sowohl auf deutscher als auch österreichischer Seite zum

Naturschutzgebiet erklärt wurde. Es besteht demnach Pflückverbot für Blumen, Latschen und ähnlichem Schmuckreisig.
Die Hochjagd geht vornehmlich auf Hirsch und Gemse. Heimisch sind aber auch Spielhahn, Auerhahn und Schneehuhn. Verhältnismäßig selten sind selbst im Vorgelände wegen der oft langen und schneereichen Winter Schneehasen, Rehwild und Feldhasen. Auf der S-Seite findet man das Murmeltier. Dann und wann zieht auch der Adler hoch in den Lüften seine Kreise.
Der Fischer findet Forellen vor allem in der Isar, aber auch in der Loisach und ihren Nebenbächen. Karpfen schwimmen im Rießersee, Schleien im Barmsee und Schmalensee. Bekannt sind auch die Renken des Eibsees.
An Vögeln seien außer den bereits angeführten Adler, Spielhahn, Auerhahn und Schneehuhn noch das Haselhuhn, der Kolkrabe, der sich selten zeigende Uhu, die weißbrüstige Wasseramsel, die Alpenflühlerche, die Felsenschwalbe und die Bergdohle genannt. Es soll aber auch noch aufmerksam gemacht werden, daß die Senke von Mittenwald — Seefeld sowie der Fernpaß bekannte Vogelzugstraßen sind.

Praktische Hinweise

1. Schrifttum und Karten

Bücher und Aufsätze

Das über das behandelte Gebiet entstandene Schrifttum ist so umfangreich, daß es hier nur auswahlweise wiedergegeben werden kann. Die meisten der angeführten Werke sind im Buchhandel vergriffen.

Allgemein und wissenschaftlich

O. Ampferer, Geologische Beschreibung des Seefelder-Mieminger und südl. Wettersteingebirges, Jahrbuch der Geologischen Reichsanstalt, Wien 1905.
O. Schlagintweit, Die Mieminger-Wettersteinüberschiebung, Geologische Rundschau 1912.
O. Ampferer, Gedanken über die Tektonik des Wettersteingebirges. Verhandlungen der Geologischen Reichsanstalt, Wien 1912.
C. v. Loesch, Der Schollenbau im Wetterstein- und Miemingergebirge. Jahrbuch der Geologischen Reichsanstalt, Wien 1914.

Härter, Beulke, Pfanzelt, Alpenvereinsführer Wetterstein und Mieminger Kette, München 1984.
Huber, Das Klima der Zugspitze, München 1914.
Leyden, Diluviale Talgeschichte des Werdenfelser Landes und seiner Nachbargebiete, Berlin 1920.
K. Leuchs, Geologischer Führer durch die Kalkalpen vom Bodensee bis Salzburg und ihr Vorland, München 1921.
Doposcheg, Berge und Pflanzen in der Landschaft Werdenfels. Naturkundlicher Führer, Garmisch.
Henneberger, Wetterstein (Bildband) München 1963.
F. Schmitt, Alpinmonografie Wetterstein, Bergverlag R. Rother, München 1979.
Im Zusammenhang mit der Veröffentlichung der AV-Karte (siehe unter Karten) finden sich in den Jahrbüchern 1960, 1962 und 1964 auch Aufsätze verschiedener Art.

Karten

Alpenvereinskarte Wetterstein und Mieminger Gebirge 1:25 000 in 3 Blättern (West, Mitte, Ost).
Amtliche Wanderkarte Werdenfelser Land 1:50 000 (hrsg. vom Bayer. Landesvermessungsamt). Diese Karte liegt diesem Führer bei.
Topographische Karte von Bayern, 1:50 000, Blatt O und W.
Topographische Karte von Bayern, 1:25 000, Blatt 878—880 und 888 bis 890 (enthält nur deutsches Gebiet).
Karte der Zugspitze und Plattumrahmung 1:10 000 (Bayer. Landesvermessungsamt).
Österreichische Spezialkarte 1:75 000, Blatt 5046.
Reis, Geologische Karte des Wettersteingebirges, 1:25 000, 2 Blätter, München 1911.

2. Bergrettung

Jeder verantwortungsbewußte Bergsteiger sollte sich über die grundlegenden Fertigkeiten der Selbst- und Kameradenhilfe im klaren sein. Ist eine Hilfe nur über eine organisierte Rettung möglich, muß diese zuerst einmal alarmiert werden.

2.1 Das „Alpine Notsignal“

Dieses international eingeführte Notsignal sollte jeder Bergsteiger im Kopf haben:

- Innerhalb einer Minute wird **sechsmal** in regelmäßigen Abständen, mit jeweils einer Minute Unterbrechung, ein hörbares (akustisches) Zeichen (Rufen, Pfeifen) oder ein sichtbares (optisches) Signal (Blinken mit Taschenlampe) abgegeben.

  Dies wird so lange wiederholt, bis eine Antwort erfolgt.
- Die Rettungsmannschaft antwortet mit **dreimaliger** Zeichengebung in der Minute.

Die abgebildeten Alarmsignale im Gebirge wurden international eingeführt.

Um einen schnellen Rettungseinsatz zu ermöglichen, müssen die Angaben kurz und genau sein.
Man präge sich das „5-W-Schema" ein:

- **WAS** ist geschehen? (Art des Unfalles, Anzahl der Verletzten)
- **WANN** war das Unglück?
- **WO** passierte der Unfall, wo ist der Verletzte? (Karte, Führer)
- **WER** ist verletzt, wer macht die Meldung? (Personalien)
- **WETTER** im Unfallgebiet? (Sichtweite)

2.2 Hubschrauberbergung

Der Einsatz von Rettungshubschraubern ist von den Sichtverhältnissen abhängig. Für eine Landung ist zu beachten:

- Hindernisse im Radius von 100 m dürfen nicht vorhanden sein.
- Es ist eine horizontale Fläche von etwa 30 × 30 m erforderlich. Mulden sind für eine Landung ungeeignet.
- Gegenstände, die durch den Luftwirbel des anfliegenden Hubschraubers umherfliegen können, sind vom Landeplatz zu entfernen.
- Der anfliegende Hubschrauber wird mit dem Rücken zum Wind von einer Person in „Yes-Stellung" eingewiesen.
- Dem gelandeten Hubschrauber darf man sich nur von vorne und erst auf Zeichen des Piloten nähern.

INTERNATIONALE ALARMSIGNALE IM GEBIRGE
SEGNALI INTERNAZIONALI D'ALLARME IN MONTAGNA
SIGNAUX INTERNATIONAUX D'ALARME EN MONTAGNE
SENALES INTERNACIONALES DE ALARMA EN MONTANA

JA
OUI
SI

Rote Rakete oder Feuer
Razzo rosso o luce rossa
Fusée ou feu rouge
Cohete de luz roja

Rotes quadratisches Tuch
Quadrato di tessuto rosso
Carré de tissu rouge
Cuadro de tejido rojo

WIR BITTEN UM HILFE
OCCORRE SOCCORSO
NOUS DEMANDONS DE L'AIDE
PEDIMOS AYUDA

NEIN
NON
NO

WIR BRAUCHEN NICHTS
NON ABBIAMO BISOGNO DI NIENTE
NOUS N'AVONS BESOIN DE RIEN
NO NECESITAMOS NADA

Diese Zeichen dienen der Verständigung mit der Hubschrauberbesatzung. Sie ersetzen nicht das Alpine Notsignal.

3. Zum Gebrauch des Führers

Den Anstiegsbeschreibungen wurde ein sogenannter „Beschreibungskopf" vorangestellt, der eine rasche Übersicht über die Zeitdauer, die Schwierigkeit und andere Besonderheiten der Route ermöglicht.

Zeitangaben sind, wenn nicht anders vermerkt, von der letztgemachten Zeitangabe an zu rechnen. Richtungsangaben (links und rechts) gelten im Sinne der beschriebenen Geh- bzw. Kletterrichtung.

Es sei besonders hervorgehoben, daß selbst die beste Wegbeschreibung mangelnde Bergerfahrung nicht ersetzen kann. Dies gilt insbesondere für Witterungsverhältnisse mit schlechter Sicht (Nebel, Schneetreiben), wenn sich die Angaben des Führers mangels charakteristischer Anhaltspunkte auf die Richtungen beschränken. In solchen Fällen sind auch für den Erfahrenen Karte und Kompaß erforderlich.

Das Register am Schluß des Buches enthält sämtliche geographischen Begriffe in alphabetischer Reihenfolge; die Verweise dort wie auch innerhalb des Textes beziehen sich stets auf Randzahlen (R), nicht auf die Seitenzahlen. Um für spätere Ergänzungen (z. B. für neuangelegte Wege usw.) ausreichenden Raum zur Verfügung zu haben, wurden an vielen Stellen in diesem Führer Randzahlen freigelassen, ohne daß darauf am betreffenden Ort eigens hingewiesen wurde.

Schwierigkeitsangaben

Die Beschreibung von Bergwanderungen und Übergängen, unter Benützung angelegter Wege, enthält keine Schwierigkeitsangaben, obwohl auch hier öfters Schwindelfreiheit und Trittsicherheit erforderlich sind. Die unteren Schwierigkeitsgrade der UIAA-Skala (UIAA = Union internationale des associations d'alpinisme) bedeuten:

I: Geringe Schwierigkeiten. Einfachste Form der Felskletterei (kein leichtes Geh-Gelände!). Die Hände sind zur Unterstützung des Gleichgewichtes erforderlich. Anfänger müssen am Seil gesichert werden. Schwindelfreiheit bereits erforderlich.

II: Mäßige Schwierigkeiten. Hier beginnt die Kletterei, die Drei-Punkte-Haltung erforderlich macht.

Abkürzungen

AV	=	Alpenverein
BZB	=	Bayerische Zugspitzbahn
bez.	=	bezeichnet
Bez.	=	Bezeichnung
bew.	=	bewirtschaftet
E	=	Einstieg (3 Std. E = 3 Std. vom Einstieg an)
Ghs.	=	Gasthaus
gj.	=	ganzjährig
Min.	=	Minuten
nördl.	=	nördlich
nordw.	=	nordwärts
N	=	Norden
östl.	=	östlich
ostw.	=	ostwärts
O	=	Osten
R	=	Randzahl
südl.	=	südlich
südw.	=	südwärts
S	=	Süden
S.	=	Sektion
Std.	=	Stunde, Stunden
westl.	=	westlich
westw.	=	westwärts
W	=	Westen
Whs.	=	Wirtshaus
Ww.	=	Wegweiser

II. Täler, Talorte und kleinere Wanderungen

● 1 1. Das Isartal

Die tiefe Furche des Isartals begrenzt das Wettersteingebirge im O von Scharnitz bis südl. Krün. Die aus dem Karwendel kommende grüne Isar durchströmt das von Scharnitz nordw. ziehende Tal. Nur einen Nebenfluß nimmt sie kurz vor Mittenwald von W auf: die Leutascher Ache. Während nördl. von Scharnitz das Isartal verhältnismäßig eng zwischen steilen Waldhängen hinzieht, zeigt es bei Mittenwald einen lieblichen freien Charakter.

● 2 **Scharnitz,** 964 m

Hübsch am Eingang in die Karwendeltäler am O-Fuß des Arnstocks gelegenes Gebirgsdorf. Hauptausgangspunkt für die Wanderungen in die drei Karwendeltäler. Österreichisches Zollamt. Bahnstation. 1100 Einwohner.

● 3 **Mittenwald,** 913 m

Der etwa 8700 Einwohner zählende Markt, Hauptort des oberen Isartales, liegt mit dem größeren Teil auf dem linken Isarufer in einer an landschaftlichen Reizen reichen Talweitung. Sie ist nach N offen, gibt gegen W den Blick auf die Wettersteinspitzen frei und wird gegen O von den fast erdrückenden Wänden der nördl. Karwendelkette jäh abgeschlossen. Im S, als Talschluß erscheinend, die Seefelder Gruppe des Karwendels, im SW der Arnstock. Trotz der Einwohnerzahl und des immer wachsenden Fremdenverkehrs hat sich Mittenwald den Charakter des Gebirgsortes zu wahren gewußt. Die Bevölkerung lebt fast ausschließlich von Geigenbau und Fremdenverkehr. Interessant ist die in verschiedenen Straßen zu sehende, stufenförmige Anordnung der zusammengebauten Häuser.

Mittenwald ist Grenzstation und Zollamt. Es verfügt über alle einem Fremdenort seiner Bedeutung zukommenden Einrichtungen, Unterkünfte, Sportanlagen usw. Karwendelbahn, Lift und Seilbahn zum Kranzberg.

Mittenwald mit Wettersteinpanorama. Vor den Dreitorspitzen das Leutascher Platt. In Bildmitte rechts der Kranzberg.

Öfelekopf
Dreitorspitzen
Wettersteinsp.
Zugspitzplatt
Hochblassen
Zugspitze
Alpspitze
Waxensteinkamm
Mittenwald

Sehenswürdigkeiten: Denkmal des Begründers des Geigenbaues in Mittenwald, Math. Klotz (1653—1743), der diesen heute noch wichtigen Erwerbszweig der Bevölkerung einführte und Mittenwald in der Welt bekannt und berühmt gemacht hat. Geigenbaumuseum.

Spaziergänge von Mittenwald sowie einige Bergfahrten im Karwendel:

● 4 Leutaschklamm

Hochinteressante, etwa 200 m lange, tief eingerissene Klamm, durch die die Leutascher Ache tost.
Auf der Innsbrucker Straße in südl. Richtung. Noch vor der Isarbrücke rechts ab und in ¼ Std. zum Klammeingang. Eintrittsgebühr. Während der Übergangszeiten ist der Schlüssel im Ghs. „Zur Brücke“ erhältlich.

● 5 Ederkanzel, 1180 m (Burgbergsteig)

1 Std., bez. Weg.

Vom Ghs. „Zur Brücke“ auf der Leutascher Straße bis kurz nach der Schießstätte. Hier (Ww.) rechts ab und auf bez. Weg zur Ederkanzel. Verbindungswege zum Lauter- und Ferchensee.

● 6 Grünkopf, 1587 m

Schöner Aussichtspunkt unter den O-Abstürzen des Wettersteins. 2½ Std. von Mittenwald.

Am besten von Mittenwald auf dem Burgbergsteig (R 5) bis zur Kanzel, 1 Std., und längs der Landesgrenze am Kamm entlang zum Grünkopf.
Den Rückweg kann man auch über den Franzosensteig nehmen (R 327). Man steigt hierzu in westl. Richtung (bez.) ab, bis sich der Rücken verflacht und man auf den Steig trifft. ¼ Std.

● 7 Lautersee, 1010 m — Ferchensee, 1059 m — Elmau

1¾ Std., bez. Wege.

Von Mittenwald auf verschiedenen bez. und betafelten Wegen zum Lautersee, ¾ Std. Herrlicher Blick auf das Karwendel. Gasthäuser, Hotel, Schwimmbad, Ruderboote. Auf dem sonnigen Sträßchen oberhalb des Lautersees weiter in 20 Min. zum Ferchensee. Großartiger Blick auf die N-Abstürze der Wettersteinwand. Ghs. Schwimmbad. Ruderboote. Vom See auf der Fahrstraße weiter nach Elmau, 1 Std.

● 8 **Karwendelbahn und Kranzberg,** siehe R 140 f. und 594.

● 9 **Aschauer Alm,** 980 m
1 Std., bez. Weg.

Beim Bahnhof über die Isar und am rechten Isarufer abwärts. Gj. bew.

● 10 **Krinner-Kofler-Hütte,** 1410 m

Hütte der AV-S. Mittenwald, auf der Fereinalm (Vereinsalm). Nicht bew., jedoch im Sommer und Winter Hüttenaufsicht. In der Übergangszeit nur mit AV-Schlüssel zugänglich.

● 11 **Von der Aschauer Alm** (R 9) auf Fahrweg
2—2½ Std.

● 12 **Von der Aschauer Alm** (R 9) auf Jägersteig
Etwas länger, aber landschaftlich hübscher als R 11. Bez.

● 13 **Hochlandhütte,** 1630 m, am Wörner

Von Juni bis Oktober einfach bew. Hütte der AV-S. Hochland. Während des Sommers Hüttenaufsicht.

● 14 **Von Mittenwald**
2½ Std., bez.

Von der Karwendelbahn-Talstation ostw. unter der Bundesstraße hindurch. Nun etwa 600 m nordw. bis zur Abzweigung (Ww.) und über den Ochsenboden und das Untere Kälberalpl zur Hütte.

● 15 **Mittenwalder Hütte,** 1519 m

Von Mai bis Mitte Oktober bew. Hütte der AV-S. Mittenwald, auf aussichtsreichem Vorsprung an der W-Flanke der Westlichen Karwendelspitze gelegen.

● 16 **Von Mittenwald**
1½ Std., bez. Steig.

Vom Mittenwalder Bahnhof über die Isar zum Ghs. „Raineck" (Ww.) und auf dem bez. „Karwendelsteig" in vielen Kehren zur Hütte.

● 20 **2. Das Kankertal**

Zusammen mit dem oberen Loisachtal bildet die vom weiten Garmisch-Partenkirchner Talbecken nach O ziehende Senke des

Kankertales die nördl. Grenze des Wettersteingebietes. Gleichzeitig ist das Tal die natürliche Verbindung des Loisach- mit dem Isartal bei Krün. Die Kanker, die das Tal von der Wasserscheide bei Gerold bis zur Veeinigung mit der Partnach durchfließt, ist ein dürftiges Bächlein, das aber vor seiner Regulierung bei Hochwasser dem Ortsteil Partenkirchen vielen Kummer bereitet hat. Die Mittenwaldbahn und die Straße nach Mittenwald führen durch das Tal, das schon zur Römerzeit eine Verkehrsstraße war.

● 21 **Klais,** 932 m

Weiler. Schnellzugstation. Ghs. Postautoverbindung nach Krün, Wallgau, Walchensee. Zu Fuß in 1½ Std. nach Elmau, vgl. R 7.

● 22 **Spaziergang zum Barmsee,** 885 m
1½ Std., bez.

Vom Bahnhof Klais, R 21, auf dem Sträßchen gegen Krün, bis links der Weg zum Barmsee abzweigt. Ghs. Badegelegenheit. 1½ Std. von Klais.

● 23 **Gerold,** 929 m

Weiler ungefähr in der Mitte zwischen Kaltenbrunn und Klais. Unmittelbar östl. davon der als Badegelegenheit beliebte *Wagenbrüchsee.*

● 24 **Kaltenbrunn,** 855 m

Weiler. Bahnstation. Whs. Beliebter Ausflug von Partenkirchen. Zu Fuß über das alte Gsteig und zum Schluß die neue Mittenwalder Straße. 1½ Std.

● 25 **Zum Gschwandtnerbauer,** 1020 m
½ Std., bez. Wanderweg und Forststraße.

Von der Partenkirchner Straße bei Ww. rechts ab. Siehe auch R 42.

● 26 **Wamberg,** 996 m

Höchstgelegenes Dorf Deutschlands. Ghs. Siehe auch R 574.

● 27 **Von Kaltenbrunn**
¾ Std., bez. Weg.

● 30 **3. Das Tal der Partnach (Reintal) und des Ferchenbaches**

Über dem Reintalanger entspringt die Partnach. Vom Ursprung, westl. unter dem Brunntal, fließt sie bald sanft, bald in wilden Sprüngen durch das romantische Reintal. In der stillen „Blauen Gumpe“ klärt sie ihre Flut, bevor sie bei der Bockhütte nach N biegend die „Hintere“ und die „Mitterklamm“ durchströmt. Bald darauf nimmt sie von links die aus dem Kreuzeckgebiet kommende, ungebändigte Bodenlahn auf. Kurz bevor sie in die Partnachklamm eintritt, führt ihr von rechts der Ferchenbach die Wasser des Ferchensees und der zahlreichen Bäche vom waldigen Vorland der Wettersteinwand zu. In Partenkirchen vereinigt sich die Partnach mit der Kanker und mündet bei Garmisch in die Loisach.

● 31 Garmisch-Partenkirchen, 700 m

Der Doppelort mit 26 000 Einwohnern Zentrum des Werdenfelser Landes, Sitz des gleichnamigen Landratsamtes und zahlreicher anderer Behörden. Im Talkessel der Loisach und Partnach gelegen, bietet er ein landschaftlich überaus schönes Bild. Von der Natur in ungewöhnlichem Maße begünstigt, hat er sich zu einem weltbekannten Fremdenverkehrs-, Sport- und Wanderzentrum für Sommer und Winter entwickelt.

Garmisch-Partenkirchen verfügt über ein Wanderwegenetz, das in seiner Ausdehnung und Vielfalt einmalig auf der ganzen Welt ist. Es bietet im Talgrund, an den Berghängen und in höheren Lagen allen Altersgruppen Bewegungsmöglichkeiten, die in eine Vielzahl von Bergbahn- und Omnibusanschlüssen, Rast- und Bewirtungsstätten eingebunden sind. (Freifahrt im Ortsbus für Gäste.)

Alle dieser Bedeutung entsprechenden Einrichtungen sind vorhanden, angefangen bei den Verkehrsverhältnissen bis zu Unterkünften, Veranstaltungen sportlicher, kultureller und geselliger Art usw. Postämter gegenüber dem Bahnhof, Marienplatz Garmisch, Zugspitzstraße (Ficht), Badgasse Partenkirchen. Den Verkehr innerhalb des weitläufigen Ortes beschleunigen und erleichtern zwei Omnibuslinien.

Sehenswürdigkeiten in Garmisch: Alte Straßen (Frühlingsstraße). Neue Kirche am Marienplatz, 1732 erbaut, mit prächtigen Stukkaturen des Wessobrunners Joh. Schmuzer in Frührokoko. Fresken der Decke (1734) vom Augsburger Math. Ginther. Alte Kirche, Passionsbilder an der Nordseite um 1400. Noch älter die Christophorusfigur. Zwei schöne Glasgemälde aus dem 14. Jahrhundert im Chor.

Sehenswürdigkeiten in Partenkirchen: Kirche. Linksseitig Gemälde Mariä Himmelfahrt des Venezianers B. Litterini, eines Schülers Tizians (1732). Kriegerdenkmal von Professor Wackerle, Partenkir-

chen. Sebastianskirchlein mit sehenswerten Fresken. Die 1763 erbaute Wallfahrtskirche St. Anton. Heimatmuseum in der Ludwigstraße.
Moderne Sehenswürdigkeiten: Olympia-Eisstadion, Garmisch; Olympia-Skistadion, Partenkirchen, Hallenbad beim Eisstadion.

● 32 Spaziergänge von Partenkirchen:
Partnachklamm, siehe R 557.
Graseck, siehe R 558.
Eckbauer, siehe R 565 ff.
Elmau, siehe R 583.

● 33 **Partnachalm,** 983 m

In aussichtsreicher sonniger Lage hoch über der Partnachklamm. Whs. Beschränkte Unterkunft.

● 34 Vom Skistadion
Etwa 1 Std.

Auf dem Sträßchen Richtung Wildenau. Gleich nach der ersten Brücke über die Partnach rechts ab und auf einem Ziehweg steil durch einen Graben auf freieres und sanfter steigendes Gelände. Hier mündet von rechts der Weg von Garmisch. Nun gemeinsam in sanfter Steigung zur Alm.

● 35 Von Garmisch
1¼ Std.

Durch die Klammstraße und längs des Lainbaches. Bei Beginn der Steigung links ab auf den Kochelberg, an der bew. Kochelbergalm (R 53) vorbei und über einen bewaldeten Sattel auf den „Hohen Weg“.

● 36 **Reintalbauer,** 951 m

Zugänge siehe R 215.

● 37 **Faukenwasserfall, Schalmeischlucht, Restaurant Gamshüttl**

Vom Floriansplatz in Partenkirchen 1—1¼ Std. Hübscher Blick auf das Tal und Wetterstein.

● 38 **Schlattan** (Pfeiferalm), 973 m

Ghs., gj. bew., mit herrlichem Blick auf Wetterstein und Karwendel. Reine S-Lage.

● 39 **Von Partenkirchen**
1¼—1½ Std.

Von der Faukenstraße in Partenkirchen Ww. über den Bremstall und durch Wald und über aussichtsreiche Wiesen nach Schlattan.

● 40 **Auf der Mittenwalder Straße**
1 Std.

Auf der alten Mittenwalder Straße zu deren höchstem Punkt und (Ww.) links ab nach Schlattan.

● 41 **Von Kaltenbrunn**
½ Std., nächster Zugang.

Von der Station Kaltenbrunn erst auf der Garmischer, dann der alten Mittenwalder Straße, bis ein Ww. scharf rechts ableitet.

● 42 **Gschwandtnerbauer,** 1020 m

Ghs. am S-Hang des Wank in sonniger, aussichtsreicher Lage.

● 43 **Von Partenkirchen**
1½ Std., bez.

Von Partenkirchen und auf dem alten Gsteig und links ab (Ww.). Abstieg nach Kaltenbrunn (Bahnst.) in 20 Min.
Vom Gschwandtnerbauer auch auf bez. Weg zur Esterbergalm (R 44) 1 Std. und weiter zum Wank 2 Std.

● 44 **Esterbergalm,** 1262 m

Gj. bew. Ghs. mit einfacher Unterkunft. Südl. unter dem Hohen Fricken gelegen.

● 45 **Von Partenkirchen**
2 Std., bez. Forstweg.

Von Partenkirchen nach St. Anton. Von dort auf Ziehweg (Ww.) aufwärts, nach 1 Std. an der Daxkapelle vorbei und über den Sattel zwischen Fricken und Wank, zuletzt eben zur Alm.
Von der Esterbergalm auf bez. Weg über den Almboden, am Abhang des Fricken zum Roßboden ansteigend. Dann rechts wendend in 2½ Std. zum im Sommer bew. Krottenkopfhaus (AV-S. Weilheim). Von hier in 20 Min. zum Krottenkopf, 2086 m, dem höchsten Gipfel des Estergebirges. Berühmte Aussicht.

● 46 **Wank,** 1779 m

Der Wank ist der Sonnen- und Aussichtsberg des Werdenfelser Landes. Herrlicher Blick auf den Talkessel von Garmisch-Partenkirchen, das Loisachtal und die vorgelagerte Ebene mit Ammer- und Starnberger See, im NO Krottenkopf und Benediktenwand, im O Soierngruppe und übriges Karwendel, im SO bis SW das gesamte Wettersteingebirge, Eibsee, Lechtaler und Ammergauer Berge.
Das gj. bew. Berggasthaus (Liegestühle) der AV-S. Garmisch-Partenkirchen, befindet sich auf dem Gipfel des Wank, nur wenige Meter über der Bergstation der neuen Wankbahn.

● 47 Mit der Wankbahn

Näheres siehe R 137.

● 48 Von Partenkirchen über die Kreuthütte

2½ Std., bez. Kürzester Weg vom Tal. Streckenweise steil und sonnig.

Vom Floriansplatz in Partenkirchen zum Gamshüttl (R 37). 1 Std. Von hier in ¼ Std. zur Kreuthütte. Nun über den Almboden hinauf, in Kehren durch Wald aufwärts zur großen, offenen Almfläche des Mitterbodens, 1420 m. 1 Std. In gerader Richtung weiter steigend trifft man wieder den Weg, der durch Latschen steil zum Rücken und in 20 Min. zum höchsten Punkt führt.

● 49 Über die Frauenmahd

3—3½ Std. Weniger steil und schattiger als R 49.

Von Partenkirchen an St. Anton vorbei auf dem Weg zur Esterbergalm auf die Paßhöhe vor der Alm; etwa 2 Std. Hier zweigt rechts (Ww.) ein bez. Steig ab, der mehrere Gräben querend, in allgemein südwestl. Richtung über die sogenannte Frauenmahd in 1—1½ Std. zum Wankhaus führt.

● 50 Von der Esterbergalm

2 Std., Weg.

Westw. zu der schon von weitem kenntlichen Skiabfahrtsschneise, in der man den Weg über die Frauenmahd (R 49) trifft; auf ihm zum höchsten Punkt.

● 51 Vom Gschwandtnerbauern

3 Std., bez.

Vom Gschwandtnerbauern (R 42) nordw. durch den Häuselgraben in Kehren hinauf zum Häuselboden. Bei einer Wegteilung (Ww. geradeaus zur Esterbergalm) links in zahlreichen Kehren, im allgemeinen längs der Skiabfahrt, zum höchsten Punkt.

● 52 4. Das Loisachtal und sein Quellgebiet

Im malerischen *Ehrwalder Talbecken* vereinigen sich der Abfluß des Seebensees, der Geißbach, die vom Fernpaß kommende Kleine Ache und der von Lähn kommende Lussbach zur Loisach. Durch ein tief eingeschnittenes Waldtal bahnt sie sich den Weg nach Griesen, wo sie von W die Neidernach aufnimmt. Hier wendet sie sich nach O und erreicht bei Schmölz das weite Tal. Dort führt ihr der aus dem Höllental kommende Hammersbach seine Wasser zu. Bald durchströmt sie den Ortsteil Garmisch. Hier mündet die Partnach. Nun legt die Loisach den bisher romantischen Charakter des rauschenden, lustig über Blöcke und Steine springenden Gebirgsflüßchens ab und fließt sanfter und behäbiger nordw. der Isar zu.

Spaziergänge von Garmisch:

● 53 **Zur Kochelbergalm,** etwa 820 m
¾ Std.

Vom Bhf. Garmisch-Partenkirchen an der BZB vorbei zum Hausberg. Von hier durch einen Hohlweg auf das Kochelbergplateau, an dessen östl. Rand die Kochelbergalm liegt. Ghs.

● 54 **Zum Bayernhaus**
Siehe R 206.

● 55 **Zum Garmischer Haus**
Siehe R 198.

● 56 **Zur Tonihütte**
Siehe R 193.

● 57 **Zum Rießersee,** 782 m
½ Std. bzw. (bei Bahnbenützung) ¼ Std.

Vom Garmischer Marienplatz zu Fuß in ½ Std., von der Station Rießersee der Staatsbahn oder der BZB in ¼ Std. Schöner, künstlich angelegter See mit dem prachtvollen Hintergrund der Waxensteine. Fußweg um den See. Bootsfahrt, Schwimmen.

● 58 Zur Aulealm, etwa 790 m
¼ Std.

Vom Rießersee, R 57, durch Hochwald ¼ Std. 1970 in sehenswerter Weise in mächtigem alpenländischen Stil umgebaut und erweitert. Ganzj. voll bew. Ww. 5 Min. zur Talstation Kreuzeckbahn. *Rückkehr* zum Ort auf dem Hammersbacher Fußweg oder durchs Himmelreich ¾ Std. Auch mit Kraftfahrzeug erreichbar.

● 59 Zur Ruine Werdenfels, 788 m
1 Std.

Vom Marienplatz in Garmisch zum Hotel Sonnenbichl und auf der Hauptstraße weiter, bis man kurz nach einem Steinbruch links abzweigen kann. Hierher auch von der Bushaltestelle Schwaigwang, indem man kurz Richtung Garmisch zurückgeht. Nun durch Wald zu der etwa 100 m über dem Talboden gelegenen Ruine. Restauration Werdenfelser Hütte.

● 60 Zum Pflegersee, etwa 850 m
¾ Std., auch mit Kfz.

Vom Marienplatz in Garmisch erst durch die Burg-, dann die Thomas-Knorr-Straße auf bequemem Fahrweg oder daneben angelegtem Fußweg zu dem unter den gewaltigen Seeleswänden des Königsstandes gelegenen See. Ghs., Schwimmbad.
Weiterweg ostw. zur Ruine Werdenfels (½ Std.) oder westw. auf dem Kellerleitenweg oder dem aussichtsreichen Kramerplateauweg (6,5 km) ungefähr in gleicher Höhe, gegebenenfalls bis zum Herrgottsschrofen bei Untergrainau.

● 61 Zum Grasberg (St. Martin), 1040 m
1 Std.

Von der Bayernhalle auf bequemem Weg zu der auf aussichtsreichem Vorsprung liegenden Restauration Grasberg. Sehr schöner Blick auf den Talkessel von Garmisch-Partenkirchen, den gesamten Wetterstein und Teile der nördl. Karwendelkette.

Zugspitzgruppe vom Kramerplateauweg.

Alpspitze
Höllentorkopf
Jubiläumsgrat
Kleiner Waxenstein
Zwölfer
Großer Waxenstein
Mittagsscharte
Zugspitze
Große Riffelwand

● 62 **Zur neuen Almhütte auf der Maximilianshöhe**
½ Std. Auch mit Kfz erreichbar.

Die Restauration (Parkplatz) liegt unweit der im Winter stattfindenden Wildfütterung. Sie entstand durch die Initiative der Weidegenossenschaft Garmisch.

● 65 **Kramer,** 1918 m

Sehr schöner Aussichtsberg unmittelbar über Garmisch. Die Besteigung ist leicht und sehr lohnend, aber anstrengend und sonnig. Zeitiger Aufbruch ist deshalb zu empfehlen.

● 66 **Über den Grasberg**
4½ Std., bez. Unschwierig.

Von Garmisch zum Ghs. am Grasberg (R 61) 1 Std. Auf dem Reitweg weiter, an der eisernen Kanzel vorbei, bis er nach einer Rechtswendung eben zum Königsstand verläuft. Der Steig führt nunmehr links über die steilen Latschenhänge bergan und erreicht nach etwa 1 Std. den Kramergrat. Man bleibt zunächst auf dem Grat. Dann führt der gut bez. Steig, die größeren Aufschwünge rechts umgehend, lange Zeit auf den Schutthalden der N-Seite entlang, bis er wieder zum Grat und in wenigen Min. zum Gipfel leitet.

● 67 **Über die Stepbergalm**
5 Std. Weniger begangen, jedoch ebenso leicht. Als Abstieg zu empfehlen.

Ein bequemer Aufstieg zur Stepbergalm führt durch das sog. „Gelbe Gwänd". Man verfolgt die Straße am Sportplatz Gröben vorbei, zweigt bei der Kaserne rechts ab; dann entlang einer Waldwiese links. Bei einer Biegung („Ellbogen") des steiler werdenden Forststräßchens benützt man einen links abgehenden Fußpfad (Ww.), der in 2½ Std. vom Gröben zur Alm führt. In der Weidezeit bewirtschaftet! Von der Alm führen die Steigspuren dürftig bez. über den östl. gelegenen latschenbedeckten Rücken zum Kramergrat, dem man östl. mit geringem Ausweichen bis zum Gipfel folgt. 2 Std.

● 70 **Grainau**

Die Gemeinde besteht aus den Ortsteilen Ober- und Untergrainau und Hammersbach, 2700 Einwohner. Zugspitzdorf am Fuß der Waxensteine. Stationen Ober- und Untergrainau der Staatsbahn. Station Grainau-Badersee der BZB, Omnibus nach Garmisch-Partenkirchen. Für längeren Aufenthalt geeignet. Zahlreiche Ausflüge in der näheren und weiteren Umgebung. Ausgangspunkt für Bergfahrten aller Schwierigkeitsgrade im Zugspitz-Waxenstein-Alpspitz-Gebiet.

● 71 Höllentalklamm

Eine der größten Sehenswürdigkeiten des Werdenfelser Tales. Der Weg durch die Klamm wurde von der AVS Garmisch-Partenkirchen 1902—1905 erbaut. Er führt, wasser- und steinschlaggefährdete Stellen in 12 Tunnels umgehend, in ¾ Std. zum hinteren Klammende. Im Winter ist die Klamm wegen Lawinengefahr unzugänglich. Die Lawinenreste schmelzen in manchen Sommern nicht ganz weg. Sehr sichere Steiganlage. Am Eingang bew. Hütte.

● 72 Unterer Klammweg

¾ Std. von Hammersbach.

Von Hammersbach erst am linken, dann hoch über dem rechten Ufer des Hammersbaches talein. Zum Schluß auf einem aus dem Felsen gesprengten Steig in Kehren zur bew. Klammeingangshütte.

● 73 Von Obergrainau

1½ Std.

Gegenüber vom Hotel Post durch ein Gatter und, bei Wegkreuzungen genau auf die Tafeln achtend, meist schattig zu Weg R 72, der bei den letzten Serpentinen vor der Klammeingangshütte erreicht wird.

● 74 Stangensteig

Dieser vor Erschließung der Klamm gebräuchliche Weg ist in der Zwischenzeit wesentlich verbessert worden und seit Errichtung der eisernen Brücke, die, 29 m lang, in einer Höhe von 73 m die Klamm überspannt, nur für stark zu Schwindel neigende Personen ungeeignet.

● 75 Von Grainau

1 Std. von der Abzweigung unterhalb der Manndlwand. Der hier beschriebene Weg läßt sich mit Weg R 72 zu einem lohnenden Rundgang verbinden.

Auf Weg R 73 bis kurz vor die Stelle, wo er den Wald verläßt. Hier in wenigen Kehren rechts hinauf an den Fuß der Manndlwand, an ihr entlang, erst steigend, dann abwärts und durch Wald zur eisernen Brücke. Jenseits in einigen Kehren aufwärts und hoch über der

Klamm rechts talein. Bei Abzweigungen auf Ww. und Bez. achten! Etwas hinter dem oberen Klammende trifft man auf Weg R 72.

● 76 Von Hammersbach
1 Std.

Auf dem Weg Hammersbach — Klamm (R 72) bis zur Wegteilung unterhalb der Klammeingangshütte. Hier scharf rechts aufwärts, auf dem Weg von Obergrainau in den Wald und kurz nach dessen Betreten (Ww.) hinauf zum Stangensteig. 20 Min. von der Wegabzweigung unterhalb der Klammeingangshütte.

● 77 Vom Eibsee (Höhenweg)
Eibsee — Klammeingang 2 Std. Umgekehrt ebenso. Landschaftlich hervorragend schöne und bequeme Verbindung des Höllentalklammeingangs mit dem Eibsee. In beiden Richtungen gleich lohnend.

Man überschreitet zwischen den Gebäuden der Station Eibsee den Bahnkörper. Der Weg verläuft anfangs steigend, auf oder neben der Forststraße größtenteils eben, durch Wald und über aussichtsreiche Lichtungen zum obersten Ende der Brandwiesen oberhalb Obergrainau. ½ Std. Man benützt nun zunächst den Ziehweg nach Obergrainau. Wo er sich dem Waldrand nähert, zweigt der Steig zum Höllental rechts ab. Nach kurzer Steigung leitet er, meist eben und durch Wald den Weg Hammersbach — Waxensteinhütte kreuzend (R 301), auf den Weg von Obergrainau zum Klammeingang, den man nunmehr weiter verfolgt.

● 78 Zur Neuneralm
½ Std., bez.

Man verläßt Obergrainau etwas östl. der Kirche den Ww. folgend. Zunächst durch ein Tälchen, dann über die freien Hänge zur gj. bew. Alm. Hübscher Blick auf die N-Abstürze des Waxensteinkammes und in das Tal.

Schon der Name Höllentalklamm widerspiegelt die Wildheit dieser Urlandschaft aus Klemmblöcken, tosenden Wasserabstürzen und Lawinenresten. Die Klamm bietet den kürzesten Zugang ins wildromantische Höllental mit seinem großartigen Talschluß unter der Zugspitze.

● 79 **Zum Badersee,** 765 m
¼ Std. von Unter- oder Obergrainau.

Von Untergrainau (R 70) auf der Eibseestraße und links ab oder schon vorher links auf Fußweg zum See. Von Obergrainau (R 70) nahe dem Ausgang nach Untergrainau links ab und zum See. Ghs.; Kahnfahrt. Der See ist berühmt wegen seines durchsichtig klaren Wassers. Er friert im Winter nicht zu.

● 80 **Eibsee,** 974 m

Einer der Hauptanziehungspunkte des Werdenfelser Landes und einer der schönsten oberbayerischen Alpenseen. Die waldigen Höhen, die den See bis an seine Ufer umgeben, spiegeln sich in der tiefgrünen Flut, überragt von der wuchtigen Zugspitze, die hier mit den Gipfeln des Waxensteinkammes von der Riffelwand bis zum Großen Waxenstein den schönsten Anblick bietet.
Der 2,5 km lange und 1 km breite See ist bis zu 28 m tief und hat sieben Inseln. Großes Hotel, zwei gemütliche Raststätten, Posthilfsstelle, Schiffahrt, Badeanstalt, Station der BZB.

● 81 **Von Obergrainau** (R 70)
1 Std.

Hart südl. der Kirche und Schule durch ein Waldtälchen zu P. 841 der Eibseestraße. Nun entweder auf der Straße oder, besser, auf dem hier abzweigenden Fußweg zum Eibsee.

● 82 **Von Untergrainau** (R 70)
1 Std.

Auf der Straße bis P. 841 und dann wie R 81.

● 83 **Von Griesen** (R 85)
Etwa 2 Std. In umgekehrter Richtung bequemer.

Auf der Ehrwalder Straße, bis die Loisach kurz nach Einmündung der Neidernach auf einem Steg überschritten werden kann. Dann auf dem kleinen Steig, anfangs in Kehren und ziemlich steil, bald

Der Tiefblick in den Eibsee prägt den Abstieg vom Großen Waxenstein auf dessen Nordwestseite. Im Hintergrund links die Tannheimer, rechts der Säuling über Füssen.

aber sanfter, auf die Höhe des Hintermooses und auf das sich immer großartiger entwickelnde Massiv der Zugspitze zuwandernd abwärts zum Eibsee, der bei seinem nördlichsten Zipfel, dem Untersee, erreicht wird.

● 85 Griesen, 824 m

Bahnstation. Zollstation. Forsthaus. Ghs. Stützpunkt für Wanderungen und Touren in den südl. Ammergauer Alpen. Übergang zum Eibsee.

● 86 Ehrwald, 996 m

Unmittelbar am Fuß der gewaltigen W-Abstürze des Schneefernerkopfes und der Wetterspitzen, am NO-Rand des weiten moorigen Talbeckens gelegen. Großartig ist der Blick auf die Wetterwand und die Mieminger Felsentürme. Am W-Rand des Moores Lermoos. Darüber der Grubigstein, nordwestl. der Daniel. Bahnstation der Linie Garmisch-Partenkirchen — Reutte. Postautoverbindung nach Reutte; über den Fernpaß ins Inntal und nach Innsbruck. Sommerfrische und Wintersportplatz mit allen zugehörigen Einrichtungen.

● 87 Spaziergänge von Ehrwald

Nach Lermoos auf gutem Weg über das Moor ½—¾ Std.
Nach Biberwier, Dorf am Fuß der kühnen Sonnenspitze, ½ Std.
Seebachfall: Vom Weg zur Ehrwalder Alm rechts ab, dem Geißbach folgend. Etwa 1 Std.
Weißensee, Mittersee und Blindsee, die drei idyllischen Fernpaßseen: über Biberwier in ½—1 Std.

● 88 Ehrwalder Alm, 1493 m

Die Ehrwalder Alm befindet sich in herrlicher Umgebung auf einer geräumigen Einsattelung zwischen Wetterstein und Mieminger Kette. Siehe R 290.

Blick auf Ehrwald und das Zugspitzmassiv von Westen. Die gewaltigen Abstürze des Schneefernerkopfes und der Wetterspitzen erreichen bis zu 1000 Meter Höhenunterschied und werden von mehreren Kletterrouten durchzogen.

● 90 Coburger Hütte, 1917 m

Im Besitz der DAV-S. Coburg. Einzige, in den Sommermonaten bew. AV-Hütte der Mieminger Kette, 6 B., 80 M., 20 L. Landschaftlich großartig gelegen, bietet sie einen vorzüglichen Stützpunkt für die Gipfel im westlichen Teil der Mieminger Kette. Bew. Pfingsten bis Ende September.

● 91 Von der Ehrwalder Alm (R 290)
2 Std., bez.

Von der Ehrwalder Alm auf bez. Weg (Knappensteig) am Seebensee vorbei in Kehren zur Hütte.

● 92 Von Ehrwald über den Hohen Gang
3 Std. Trittsicherheit erforderlich.

Zunächst dem Weg zur Ehrwalder Alm (R 292) folgen bis zu einer kleinen Kapelle (¼ Std. von der Kirche). Nun nach rechts über den Bach und jenseits etwas links haltend auf bez. Steig über sumpfige Wiesen durch Lärchen- und Tannenwald gegen die Seebenmauer hinauf. Später führt der Weg durch Latschen und über Schutt zu einer vorspringenden Ecke. Einige Schritte nach N ein herrlicher Aussichtsplatz. Für das folgende Steilstück ist Trittsicherheit erforderlich. Der Steig leitet durch Latschen und über Felsen zur Höhe des Seebenplateaus empor. Nun leicht abwärts zum Seebensee und an seinem O-Ufer entlang in den Talgrund. Der letzte Steilhang zur Hütte hinauf wird auf gut angelegtem Zickzackweg überwunden.

● 93 Über die Biberwierer Scharte
2½ Std., bez.

Von der Ortsmitte in Biberwier zur kleinen Kirche St. Rochus und über Wiesen zum Waldrand (Ww. 814). Auf dem gut bezeichneten Steig durch den Wald ansteigend zu Latschenfeldern. (Hier zweigt an der oberen Waldgrenze der Verbindungssteig, R 339, zum Marienbergjoch ab). In vielen Kehren und dem anschließenden Schuttfeld auf gut bez. Steig zur Scharte. Nun etwas abwärts, nördl. am Vorderen Drachenkopf vorbei, zur Hütte.

● 95 5. Leutasch und Südseite der Mieminger Kette

Seefeld i. T. (2500 Einwohner), auf einer Höhe von 1180 m am höchsten Punkt des Übergangs aus dem Inn- in das Isartal, erfreut sich eines prachtvollen Landschaftsbildes. Auf einem Hochplateau gelegen, bietet es einen weitreichenden Blick, den im S die Stubaier, im

W die Mieminger und das Wettersteingebirge, im N und O die Berge des Karwendels einrahmen. Infolge seiner klimatisch und verkehrsmäßig günstigen Lage hat es sich in den letzten Jahren zu einem der bedeutendsten Fremdenorte Tirols entwickelt und genießt besonders als Wintersportplatz Weltruf. Als Schnellzugstation der Mittenwaldbahn und Endziel dreier Autobuslinien ist es Ausgangspunkt für Fahrten im südl. Wetterstein. Eine ganze Anzahl von Fahrten können von Seefeld aus an einem Tag unternommen werden.

Sehenswürdigkeiten: Die Kirche in der Ortsmitte, deren Anfänge auf das 14. Jahrhundert zurückgehen (sie gilt als eine der schönsten gotischen Kirchen Tirols); die angebaute Blutskapelle, die aus dem 16. Jahrhundert stammt, und die Seekapelle am Weg nach Mösern (17. Jahrhundert).

Spaziergänge und Bergfahrten:

● 96 Gschwandtkopf, 1550 m

Aussichtsreiche, bewaldete Kuppe südwestl. über dem Ort. 2 Ghs., gj. bew.

● 97 Mit dem Berglift

Talstation gegenüber dem Seekirchl. Fahrzeit 10 Min.

● 98 Vom Wildsee

¾ Std., bez. Steig.

● 99 Abstiege:

Nach Auland: Auf der O-Seite des Gschwandtkopfes über die lärchenbestandenen Mähder, ¾ Std.

Nach Mösern: Am Gschwandtkopfsee vorbei, meist durch Wald; ¾ Std.

● 100 Mösern, 1200 m

Weiler, berühmt durch seinen herrlichen Tiefblick in das 600 m tiefer liegende Inntal. Mehrere Ghs., gj. bew. 10 Min. oberhalb Badesee.

● 101 Zugänge

Von Seefeld längs des Möserer Tals entweder auf dessen O-Seite meist durch Wald in 1½ Std.; oder auf der W-Seite durch den Kirchwald 1¼ Std. Omnibusverbindung.

● 102 Seefelder Spitze, 2222 m

Mit Berglift und Kabinenbahn in drei Abschnitten mit den Zwischenstationen Hochegg und Roßhütte in 25 Min. zum Seefelder Joch. Von hier längs des breiten Rückens in ¾ Std. zur Spitze. Abstieg über den Schönganger oder nach Rückkehr zum Joch längs der Bahn zur bew. Roßhütte und von hier über den Roßboden oder den Krummen Steig ins Tal.

● 103 Reither Spitze, 2374 m

Einer der berühmtesten Aussichtsberge Tirols.

● 104 Von der Roßhütte

1 Std. von der Harmelerbahn.

Mit Kabinenseilbahn in 10 Min. zur Bergstation am Harmelerkopf (etwa 2000 m). Nun in angenehmer Steigung im W-Hang des Harmeler zur Einsattelung des Reither Joches, 2197 m, und nach Überwindung einer Steilstufe mittels Holzstufen auf Steig zum Gipfel, ½ Std.

● 105 Von der Seefelder Spitze

1 Std.

Vom Gipfel in das Reither Kar und aus ihm in Kehren zum Reither Joch, ½ Std. Von hier auf R 104 zum Gipfel. Das Gebiet Roßhütte — Seefelder Joch — Seefelder Spitze — Harmelerbahn ist mit einem gepflegten Wegenetz ausgestattet, das Wanderungen von Bahn zu Bahn und von Gipfel zu Gipfel ermöglicht.

● 106 Wildmoos, Ferienkolonie

Von Seefeld in 1 Std. meist durch Wald zu erreichen. Interessant durch einen nur alle 4 Jahre auftretenden Badesee. Ghs.

● 110 Das Leutaschtal

Das weite Tal, in seinem oberen Teil und seiner Fortsetzung nach Ehrwald Gaistal genannt, trennt das Wettersteingebirge von der Mieminger Gruppe. Die Leutascher Ache durchfließt das Tal von ihrem Ursprung am Igelsee in östl. Richtung, biegt dann bei Oberleutasch nach NO um und bahnt sich durch die kurze Leutaschklamm den Weg zur Isar. Anfangs mit Waldbeständen, über denen südl. die N-Abstürze der Mieminger, nördl. die mächtigen S-Wände des Wettersteins aufragen, nimmt das Tal bei den ersten Siedlungen einen freundlichen, sonnigen Charakter an, so daß eine Wanderung von Ehrwald nach Mittenwald oder umgekehrt zwar lang, aber reich an landschaftlichen Eindrücken ist.

● 111 **Leutasch,** 1040—1160 m

Die Gemeinde besteht aus den Ortsteilen Ober- und Unterleutasch. Die beiden Orte stellen eine sich über 11 km erstreckende Reihe von Häusergruppen und Einzelhöfen dar, die meist besondere Namen tragen. 1300 Einwohner.

● 112 **Von Mittenwald**
2½—3 Std.

In Nähe der Isarbrücke westw. auf guter Fahrstraße, zunächst steigend, meist schattig in 1 Std. zum österreichischen Zollhaus „Schanz" (alte Befestigungen). Von hier zur Postautohaltestelle Ghs. Mühle (¼ Std.). Nach etwa 1 km zweigt rechts ein Weg zum Franzosensteig ab. Und weiter führt die Straße bis zum Hubertushof zwischen Lochlehn und Reindlau, wo nach rechts der Weg ins Berglental zur Meilerhütte (R 261) abgeht. Bald darauf gelangt man am Fuß der Gehrenspitze zu der Häuserzeile der Unteren und der Oberen Gasse (Postautohaltestellen Ghs. Rößl und Goldenes Kreuz), 1½ Std. Hier mündet der Hauptzugang des Leutaschtales von Seefeld.

● 113 **Von Seefeld**
2—2½ Std.

Man verläßt Seefeld beim Hotel Stern. Das Sträßchen windet sich, meist steigend, durch die Wälder nach Neuleutasch, 1252 m. Ghs. Bushaltestelle. Nun hinunter in die Leutasch, die bei der Häusergruppe Weidach betreten wird. Gasthäuser, Geschäfte, Bushaltestelle. Von hier ebenen Fußes in 15—20 Min. nach Leutasch-Gasse, wo von rechts der Weg von Mittenwald einmündet (siehe R 112). In Leutasch-Gasse beginnen die Wege ins Puitental, zum Söllerpaß und durchs Berglental zur Meilerhütte. Weiter in 20 Min. nach Oberleutasch mit schöner Kirche. Postautohaltestelle. Von hier in einer weiteren ½ Std. am Ghf. Zugspitz (Autohalt) vorbei zu den „Oberen". Dort Ghs. Hirschenwirt und Gaistaler. Letzterer Postautohaltestelle. Ausgangspunkt für die wichtigsten S-Anstiege im Wetterstein, nämlich: Gehrenspitze, Leutascher Dreitorspitze, Schüsselkarspitze, Scharnitzspitze, Oberreintalschrofen, Teufelsgrat, Hochwanner, ebenso für die Aufstiege in der Mieminger Kette.

● 114 Von Telfs
1 ¼ Std., auch Busverbindung.

Vom Ort steigt das Sträßchen am S-Abfall der Hohen Munde hinauf über die Weiler Sagl und Bairbach nach Buchen, wo das Leutascher Plateau betreten wird. Weiter durch Wald und durch das Leutascher Moos nach Leutasch-Platzl. — Alle genannten Punkte sind Bus-Haltestellen.

● 115 Sessellift Leutasch-Kreith

Durch den in der Nähe von Weidach ausgehenden Sessellift werden eine Vielzahl von Wanderungen in den Wäldern von Hochmoos erschlossen. Von der Bergstation schöner Rundblick auf Wetterstein und Karwendel.

● 116 Buchen

Weiler mit schönem Blick ins Inntal. Whs. 1 Std. von Oberleutasch. Im Sommer Bushaltestelle.
Von Buchen nach Telfs im Inntal 2 Std. Von Buchen nach Mösern etwa 1 ½ Std. Von Buchen über Wildmoos nach Seefeld 1 ¾—2 Std.

● 117 Wangalm

Siehe hierzu die nähere Beschreibung unter R 266.

● 118 Hemermoosalm

Siehe hierzu die nähere Beschreibung unter R 270.

● 119 Rotmoosalm

Siehe hierzu die nähere Beschreibung unter R 272.

● 120 Gaistalalm

Siehe hierzu die nähere Beschreibung unter R 275.

● 121 Tillfußalm

Siehe hierzu die nähere Beschreibung unter R 278.

● 122 Rauthütte, 1598 m

Auf einem aussichtsreichen Vorsprung der Hohen Munde knapp über der Baumgrenze gelegene Privathütte; gj. bew.; Unterkunft.

● 123 Von Oberleutasch
1 ½ Std., beliebter Ausflug.

Von Oberleutasch südw. auf dem Sträßchen gegen den Weiler Moos. Wo rechts der Zaun aufhört, rechts in den Wald und (genau auf die Markierung achten!) zum Schluß links aufwärts zur Hütte.

● 125 **Straßberg,** 1200 m

Alpengasthof inmitten von Lärchenwiesen, im Sommer durchgehend, sonst nur am Wochenende bew., Übernachtungsmöglichkeit.

● 125a Von Telfs
1½ Std.

Von der Obermarktstraße abzweigen, an der Pischl-Fabrik vorbei in nördlicher Richtung nach Lehen und weiter zum Ghf. Straßberg. Mehrere Wege. Auch mit Kfz erreichbar. Parkplatz.

● 125b Von Wildermieming
1 Std.

Beim Haus westl. der Kirche verläßt man die Dorfstraße und folgt einem Feldweg in nordöstl. Richtung zum Waldrand. Weiter auf breitem Karrenweg an einer Kapelle vorbei, an den S-Hängen der Judenköpfe mäßig ansteigend empor und um den östl. Ausläufer der Judenköpfe herum zum Ghf. Straßberg.

● 126 **Alplhaus,** 1506 m

Im landschaftlich großartigen Alpltal hoch über dem Bach auf einer Kuppe; von der DAV-S. München erbaut. Die Hütte ist unbew., 18 L.; der Schlüssel ist von AV-Mitgliedern bei der Sektion München zu erhalten. Das Wasser muß vom Alplbach heraufgeholt werden (etwa 10 Min.). Das Alplhaus ist der wichtigste Stützpunkt für die Besteigung von Hochplattig, Hochwand und Karkopf.

● 126a Von Telfs
2½ Std. Vom Ghf. Straßberg 1 Std.

Wie R 125a zum Ghf. Straßberg und weiter nach W in das Alpltal. Bevor der Alplbach überschritten wird, nach rechts abzweigen und durch Wald hinauf zum Alplhaus.

● 126b Von Wildermieming über Straßberg
2 Std.

Von Wildermieming wie R 125b zum Gasthof Straßberg und weiter wie R 126a zum Alplhaus.

● 126c Von Wildermieming über die Ochsenbrünnl-Kapelle
1½ Std.

Vom NW-Ausgang des Dorfes in nördl. Richtung zum Waldrand. Diesen entlang ein kurzes Stück nach rechts, dann nach links abbiegend und einem verfallenen Kreuzweg folgend zur Ochsenbrünnl-Kapelle (Quelle). Auf dem Steig weiter, bei einer Abzweigung den unteren Steig benützen, bis auf den Rücken, der von den Judenköpfen nach O zieht. Nun fast waagrecht in das Alpltal hinein. Direkt unter dem Alplhaus über den Alplbach und durch Latschen auf den Riegel hinauf, auf dem die Hütte steht.

● 127 Breitenkopfhütte, 2020 m

Einstmals Werkhütte am Breitenkopf im einsamen Igelskar, einfaches unbew. Hüttchen; 5 M., 2 L. Wird von der DAV-S. Coburg betreut. Schlüssel bei Ignaz Wilhelm, Bauernhof 9, Ehrwald.

● 128a Von der Ehrwalder Alm
2½ Std.

Auf dem Weg zur Coburger Hütte (R 91) bis zur Einmündung in den Fahrweg Leutasch — Seebenalm. Von hier in Richtung Leutasch am meist eingetrockneten Igelsee vorbei bis zu einer scharfen Wegbiegung an der O-Seite des Seebodens. Nun Abzweigung nach rechts und anfangs sehr flach gegen das Igelskar. Die Steilstufe zum oberen Karboden wird nahe dem Igelskopf an der W-Seite des Kares in Serpentinen überwunden (früher Bergwerkswege und Knappensteige). Im oberen, flacheren Teil in südöstl. Richtung quer durch das Kar, zuletzt über Schutt zum Hüttchen, das unter einem gewaltigen Überhang neben einem Stolleneingang steht.

● 128b Von der Leutasch
5½ Std.

Auf dem breiten Fahrweg durch das Gaistal bis zur Abzweigung in das Igelskar vor dem Igelsee. Weiter wie R 128a.

● 129 Talorte südlich der Mieminger Kette

● 129a Telfs, 633 m

Marktgemeinde im Inntal am Fuße der Hohen Munde, 27 km westl. von Innsbruck. Bahnstation. Fahrstraße über Mösern nach Seefeld sowie über Buchen in die Leutasch und weiter nach Mittenwald. In Telfs zweigt auch die Straße auf das Mieminger Plateau von der

Inntalstraße ab. Ausgangspunkt für Buchen, Straßberg, Alplhaus. Gipfel: Hohe Munde, Karkopf, Hochwand, Hochplattig.

● 129b **Wildermieming,** 884 m

Etwas abseits der Straße gelegenes kleines Dorf. Nächste Bahnstation ist Telfs-Pfaffenhofen. Ausgangspunkt für Straßberg, Alplhaus und alle Gipfel im östl., aber auch im zentralen Teil der Mieminger Kette.

● 129c **Mieming**

Obermieming, 869 m, Untermieming, 807 m, Barwies, 881 m, 9 km westl. von Telfs. Ausgangspunkt für Bergfahrten auf der S-Seite der Mieminger Kette. Gipfel: Hochplattig, Mitterspitzen, Griesspitzen, Schoßköpfe.

● 129d **Obsteig,** 995 m

12 km westlich von Telfs, 39 km westl. von Innsbruck, bekannt wegen seiner Lärchenwälder, beliebte Sommerfrische wie alle Orte auf dem Mieminger Plateau; Wintersport. Ausgangs- bzw. Endpunkt für die Übergänge über das Marienbergjoch und die Grünsteinscharte sowie für die Gipfel im westl. und zentralen Teil der Mieminger Kette, ferner für Simmering und Tschirgant.

● 129e **Nassereith,** 884 m

Größerer Ort an der Fernpaßstraße, 12 km von Imst, 20 km von Telfs. Ausgangspunkt für Wannig und Simmering.

6. Bergbahnen und Sessellifte

Die vorhandenen Bergbahnen und Sessellifte ermöglichen oft eine wesentliche Verkürzung vieler Anstiege.

● 130 **Tiroler Zugspitzbahn**

Eine Autobuslinie führt vom Bahnhof Ehrwald über Viehweiden am Gasthof Törlen vorbei zur Talstation Obermoos. 1924 bis 1926 erbaut, Streckenlänge 3360 m, Höhenunterschied 1580 m. Im Frühjahr 1960 erfolgte Umstellung von Zwei- auf Vierwagenbetrieb, Beförderungskapazität je Stunde 290 Personen. Umsteigen in der Mittelstation Gamskar, die auch Ausgangspunkt schöner Skifahrten durch das Gamskar zur Talstation oder nach Ehrwald ist. Fahrzeit Talstation — Bergstation 20 Min.

Von der Bergstation mit großem Panorama-Restaurant führt ein Tunnel zum Schneefernerhaus.
Der Zugspitzgipfel kann durch eine von der Bergstation der Tiroler Zugspitzbahn ausgehende Gipfelbahn in 2 Min. erreicht werden. Diese Gondelbahn weist eine Streckenlänge von 282 m auf. Seehöhe der Bergstation 2950 m. Berghotel.

● 131 Bayerische Zugspitzbahn

Ausgangspunkt unmittelbar neben dem Bundesbahnhof Garmisch-Partenkirchen. Sie führt zunächst als Reibungsstrecke über die Stationen Rießersee, Kreuzeckbahn, Hammersbach-Höllental zur Station Grainau-Badersee. Von hier Zahnradbahn über die Stationen Eibsee und Riffelriß zum Schneefernerhaus bzw. Zugspitzplatt, wobei sich die zwischen den beiden letztgenannten Stationen verlaufende, 4,5 km lange Strecke in einem Kehrtunnel um 1000 m höher schraubt. Vom Schneefernerhaus Seilschwebebahn zum Zugspitzgipfel. Gesamtlänge 19 km, Höhenunterschied 2266 m, Fahrzeit von Garmisch-Partenkirchen zum Schneefernerhaus 65 Min., ab Eibsee ½ Std.
Von einem Moränenrücken im Schneeferner führt die Gletscherbahn zum Schneefernerhaus. Sie stellt die Verbindung zum Zugspitzplatt her, auf dem sich das neue rustikale Restaurant „Sonn Alpin“ für Bergsteiger und Skifahrer befindet. Trassenlänge 330 m, Höhenunterschied 70 m, Fahrzeit 2 Min.

● 132 Großkabinenseilbahn Eibsee — Zugspitze

Diese Bahn, deren Talstation in Nähe der gleichnamigen Station der Zahnradbahn in einer Höhe von 994 m liegt, ist ein besonderer Anziehungspunkt. Höhenunterschied nahezu 2000 m, Streckenlänge 4453 m, Fahrzeit 10 Min. Stündliche Förderleistung 250 Personen.

● 133 Osterfelderbahn

Talstation 200 m, westl. der Kreuzeckbahn-Talstation. Die Bahn führt in das Wander- und Skigebiet zwischen 1500 und 2000 m rund um die Hochalm am N-Fuß der Alpspitze. In Betrieb seit 1973, Tras-

Die Bergstation der Osterfelderbahn auf dem Osterfelderkopf. Im Hintergrund das Loisachtal mit Garmisch-Partenkirchen. Die höchste Erhebung des Estergebirges, der Krottenkopf, rechts oben.

senlänge 3800 m, Höhenunterschied ca. 1300 m, Fahrzeit 9 Min. Fassungsvermögen der Kabinen 80 Pers., stündliche Förderleistung etwa 500 Personen.

● 134 Hochalmbahn

Talstation unmittelbar bei der Hochalm (1700 m), Bergstation in 2030 m Höhe am Osterfeldkopf, zusammen in einem Gebäude mit der Bergstation der Osterfelderbahn. In Betrieb seit Dezember 1972. Trassenlänge 900 m, Höhenunterschied 330 m, Fahrzeit 3 Min. Fassungsvermögen der Kabinen je 44 Personen; stündliche Förderleistung etwa 750 Personen.

● 135 Kreuzeckbahn

Talstation wenige Min. von der gleichnamigen Station der Bayerischen Zugspitzbahn. Vom Bahnhof Garmisch-Partenkirchen zu Fuß ¾ Std. Von dort auch Omnibusverbindung. Höhenunterschied 836 m; Fahrzeit 10 Min., Kapazität 200 Personen pro Std. Ein Neubau ist für 1991/92 geplant und soll die Kapazität auf 340 Personen pro Std. erhöhen.

● 136 Eckbauerbahn

Talstation an der O-Flanke des Skistadions von Garmisch-Partenkirchen, bei dem auch der örtliche Omnibusverkehr endet. Vom Bhf. 20 Min. Gehzeit. Trassenlänge 2130 m, Höhenunterschied 500 m, Fahrzeit 14 Min., stündliche Beförderung 300 Personen.

● 137 Neue Wankbahn

Talstation am Ortsrand von Partenkirchen. Sie wird von der Einfahrt aus Richtung München durch Abbiegen nach links (beschildert) beim Partenkirchner Friedhof erreicht und befindet sich oberhalb der Gaststätte „Schützenhaus“. Höhenunterschied 1020 m, Fahrzeit 20 Min., stündliche Beförderung 600 Personen. Die 4-Personen-Gondeln der neuen Bahn bieten großartige Panorama-Ausblicke auf den Werdenfelser Talkessel und das Wettersteingebirge.

● 138 Graseck-Schwebebahn

Talstation am Eingang zur Partnachklamm, Bergstation neben dem Forsthaus in Vordergraseck. Höhenunterschied 130 m, Streckenlänge 520 m, Fahrzeit 2½ Min., stündliche Beförderungsleistung ungefähr 150 Personen.

● 139 Hausbergbahn

Erreichbar vom Marktplatz im Ortsteil Garmisch auf der Alpspitzstraße. Auf dieser Strecke auch Busverkehr. Vom Bhf. Garmisch-Partenkirchen am Bhf. der BZB sowie am Olympia-Eisstadion vorbei, dann längs des Lainbachs auf der äußeren Klammstraße, 20 Min. Gebaut im Jahre 1969. Streckenlänge 1986 m, Höhenunterschied 602 m, Fahrzeit 4½ Min., Fassungsvermögen der Kabinen 70 Fahrgäste, stündliche Förderleistung 700 Personen.

● 140 Mittenwalder Karwendelbahn

Die Talstation liegt an der Umgehungsstraße; vom Bhf. 10 Min. Streckenlänge 2500 m, Höhenunterschied 1316 m, stündliche Förderleistung 350 Personen.

● 141 Schwebelift nach St. Anton

Zugang von der Hauptstraße zu der am Kalvarienberg gelegenen Talstation ¼ Std. Streckenlänge 1450 m, Höhenunterschied 270 m, Fahrtdauer 16 Min. Bergstation beim Berggasthaus St. Anton.

● 142 Sessel-Gondellift Ehrwalder Alm

Zugang von der Ortsmitte von Ehrwald (Ww.) links abzweigend und durch den Ortsteil Oberdorf (40 Min.). Fahrzeit 23 Min., Streckenlänge 2360 m, Höhenunterschied 400 m. Bergstation in 1500 m bei der Ehrwalder Alm.

● 143 Bergbahnen nördlich von Garmisch-Partenkirchen

Von Oberammergau führt eine Kabinenseilbahn auf den **Laber,** 1684 m. Höhenunterschied 800 m, schiefe Länge 2200 m.
Von Bad Kohlgrub führt die Hörnle-Schwebebahn (Doppel-Sessellift) auf das 1550 m hohe **Hörnle,** Höhenunterschied 650 m.

Zur folgenden Doppelseite: Blick vom Gipfel des Wank über das Loisachtal auf den westlichen Teil des Wettersteingebirges. Zwischen Alpspitze und Zugspitze der lange Höllentalgrat.

Hochblassen
Signalgipfel Hochblassen
Alpspitze
Vollkarspitze
Höllentalspitze
Äußere
Mittlere
Innere
Schöngänge
Rinderscharte
Osterfelderkopf
Längenfeld
Hochalm
Kreuzeck
Bergstation
Hausbergbahn

Zugspitze
Jubiläumsgrat
Gr. Riffelwand
Großer Waxenstein
Zwölferkopf
Höllentalferner
Kleiner Waxenstein
Höllental
Höllentalklamm
Hammersbach
Rießersee

III. Hütten und Hüttenwege

● 150 Wiener-Neustädter Hütte, 2213 m

Im NW-Abfall des Zugspitzstockes im Österreichischen Schneekar. Herrlicher Ausblick von dem 10 Min. oberhalb der Hütte gelegenen, leicht erreichbaren Ehrwalder Kopf auf einen Teil der Mieminger, das Ehrwalder Becken, die Lechtaler, die Berge um Reutte, Ammergauer, Eibsee, Badersee und das Alpenvorland. Unmittelbar südl. der Felsturm des Sonnenspitzls, die prallen Wände der Zugspitze und ihr NW-Absturz. Im Sommer bew. Unterkunft, 24B., 38 M. WR. Ausgangspunkt für Zugspitze, Zugspitzeck, Sonnenspitzl.

● 151 Vom Eibsee

4 Std. Schwindelfreiheit und Trittsicherheit erforderlich. Der Quergang unterhalb des Ehrwalder Kopfes ist im Frühsommer oft noch lange lawinengefährdet.

Beim Eibsee oberhalb des Frillensees auf dem Weg zu den Törlen, R 300, bis er sich nach 1 Std. teilt. Man hält sich links (Ww.), überschreitet nach ½ Std. die Landesgrenze und quert die geröll- und latschenbedeckten Hänge der Luttergrube gegen einen Felsvorbau. An diesem mit Hilfe von Drahtseilen steil auf den Grat der Ehrwalder Köpfe. Nun auf und rechts (südl.) etwas unterhalb des Grates weiter, bis er felsig wird. Kurz vorher kommt von rechts der Aufstieg von Ehrwald. In langem Quergang in der NO-Flanke des Ehrwalder Kopfes auf Bändern mehrere Gräben querend, zum Teil gesichert, ins Österreichische Schneekar und rechts zur Hütte.

● 152 Von Ehrwald

3 Std. von Ehrwald. Kürzer, aber sonniger als vom Eibsee, R 151.

Von Ehrwald-Unterdorf beim Ghs. „Schwarzer Adler" nordostw. aus dem Ort. Erst über Wiesen, dann durch Wald und Latschen zur „Tiefeten Wies", etwa ½ Std. Nun auf dem Georg-Jäger-Steig in zahlreichen Kehren hinauf gegen den Grat der Ehrwalder Köpfe, bis man den Aufstieg vom Eibsee trifft. Von hier gemeinsam zur Hütte.

● 153 Binderweg

2 Std. von Obermoos.

Der Weg beginnt an der Talstation der Tiroler Zugspitzbahn und führt in direkter Richtung auf das Zugspitzmassiv empor. Er trifft auf den Georg-Jäger-Steig kurz vor der Quelle unterhalb der Tiefeten Wies.

● 154 Mit der Tiroler Zugspitzbahn
Von der Mittelstation 40 Min. Trittsicherheit erforderlich (Neubau 1990/91).

Mit der Bahn zur Mittelstation. Von hier auf dem gesicherten Steig zur Hütte.

● 155 Waxensteinhütte (Alplehütte), 1380 m

Unbew. Hütte der AV-S. München nur für deren Mitglieder. Am unteren Nordsteig (R 301) gelegen. Wasser wenige Min. unterhalb der Hütte.

● 156 Von Hammersbach
1½—2 Std.

Weg zum Bärnheimatkopf — Eibsee. Siehe R 301.

● 157 Abstieg nach Obergrainau
Im Aufstieg sehr beschwerlich und nicht leicht zu finden.

Bei der Wegteilung unmittelbar westl. der Hütte folgt man dem abwärts zur Quelle führenden Weg. Der gut kenntliche Steig quert den Wasserlauf und führt in mäßigem Gefälle in Kehren durch den Wald hinab, folgt dann links in steilen Windungen einer ausgeprägten bewaldeten Rippe. Später rechts und in einer baumlosen Mulde in kurzen Kehren abwärts, bis zu einem Horizontalweg, der senkrecht gequert wird. Weiter pfadlos an der linken Seite der Mulde steil nordw. hinab auf einen Kahlschlag oberhalb Obergrainau. Hier hält man sich mehr rechts und erreicht einen dürftigen Ziehweg, der in nördl. Richtung nach Obergrainau hinunterzieht. Nach Durchquerung eines gemauerten Bachbettes wendet er sich rechts und erreicht über die Weiden den Weg Obergrainau — Höllental wenige Min. vor dem Ort.

● 158 Aufstieg von Obergrainau
1½ Std. Bester Aufstieg von Obergrainau.

Man verläßt Obergrainau auf dem Weg zur Höllentalklamm (R 73). Nach etwa 20 Min. kreuzt dieser Weg im Wald den Weg von Hammersbach zur Hütte (R 301). Auf ihm weiter.

● 160 Höllentalhütte (Höllentalangerhütte), 1379 m

Am Höllentalanger gelegen. Der Blick von der Hütte auf den rings von mächtigen Wänden eingeschlossenen Talschluß und die Zugspitze gehört zu den Glanzpunkten des Wettersteins. Bew. Anfang Juni bis Mitte Oktober. Tel. 0 88 21 / 88 11. 90 L.
Ausgangspunkt für Waxensteine, Riffelwandspitzen, Zugspitze, Höllentalspitzen, Hochblassen, Alpspitze, Höllentorkopf. Übergänge über Riffelscharte, Grieskarscharte, Höllentor, Hupfleitenjoch.

● 161 Von Hammersbach oder Obergrainau
2 Std. von Hammersbach, von Obergrainau 2½ Std.

Auf dem oberen (R 73) oder unteren (R 72) Klammweg zum oberen Klammende. Von hier folgt der Weg noch kurze Zeit der Talsohle und steigt dann auf der rechten Talseite steil bergan. (Hier mündet vom linken Ufer der obere Klammweg ein.) Kurz vor dem ebenen Höllentalanger tritt der Weg auf das linke Ufer über und erreicht gleich darauf die Hütte.

● 162 Klammeingangshütte, 1045 m

Am unteren Eingang zur Höllentalklamm luftig auf einen Felsvorsprung hingebaut. Eigentum der AVS Garmisch-Partenkirchen. Bew., keine Übernachtungsgelegenheit.

● 163 Zugänge

Von Hammersbach (¾ Std.) oder Obergrainau (1—1¼ Std.) auf dem Oberen oder Unteren Klammweg (R 72, 73).

● 165 Knappenhäuser, 1520 m

Am Weg vom Hupfleitenjoch ins Höllental (R 310) auf aussichtsreichem Vorsprung inmitten wildromantischer Umgebung. Privatbesitz. Im Sommer bew., 6 B., 25 M.
Aus- und Durchgangspunkt für Hupfleitenjoch. Höllentorkopf, Höllentor, Grieskarscharte, Alpspitze, Hochblassen, Höllentalgrat, Zugspitze, Waxensteine.

● 166 Vom Kreuzeck über das Hupfleitenjoch
1½ Std. Siehe R 310. Bester Zugang.

Höllentalangerhütte mit dem Höllentorkopf. Rechts davon die Rinderscharte, über die der Steig vom Osterfeld ins Höllental führt.

● 167 Vom Kreuzeck über das Höllentor
3 Std. Siehe R 311.

● 168 Von der Höllentalhütte
½ Std. Ww. Siehe R 310.

● 169 Durch die Höllentalklamm
2½ Std. von Hammersbach, 3 Std. von Obergrainau.

Man verfolgt nach Durchschreiten der Klamm den Weg ins Höllental an der Einmündung des Stangensteiges vorbei, bis er, etwa ½ Std. nach der Klamm, den Bach überschreitet. Jenseits (Ww.) links hinauf, bald auf den Weg von der Höllentalhütte zu den Knappenhäusern. ½ Std. vom Bach.

● 170 **Kreuzeck,** 1652 m

Unter Kreuzeck verstand man ursprünglich nur den Punkt, auf dem das Kreuzeckhaus steht. Das Entstehen neuer Unterkünfte und sonstiger Baulichkeiten haben den Begriff Kreuzeck längst erweitert. Er umfaßt nunmehr das Gebiet vom Kreuzeckhaus hinunter zur Mulde der Kreuzalm und hinauf zum Rand der Wälder, die vom Kreuzjoch herunterziehen. Wenn im folgenden der Ausdruck „Kreuzeck“ gebraucht wird, so ist von diesem erweiterten Gebiet die Rede.
Das Kreuzeck ist einer der schönsten Punkte des Wettersteins. Die Wettersteinwand, die Dreitorspitzgruppe bis zum Hinterreintalschrofen, der Höllentalgrat, die Zugspitze mit dem Höllentalferner und der Waxensteinkamm erschließen sich dem Blick. Beherrschend aber steht die schönste Berggestalt des Wettersteins, die Alpspitze, mit ihrer N-Wand gegenüber. Im W sind die Hörner der Tannheimer Berge sichtbar. Nach N reicht die Fernsicht über die Ammergauer Alpen und durch die Lücke des Loisachtales weit hinaus ins Flachland, mit dem Ammer- und Starnberger See, an besonders klaren Tagen bis München. Im O sind links vom Kreuzjoch die Vorberge von der Benediktenwand bis zum Tegernseer Gebiet, rechts vom Kreuzjoch das Karwendelgebirge sichtbar.
Das Kreuzeck ist Ausgangspunkt für Höllentorkopf, Alpspitze, Blassengrat, Höllentalspitzen.
Übergänge über Hupfleitenjoch oder Höllentor ins Höllental, über die Mauerscharte und den Schützensteig zur Reintalangerhütte, über die Grieskarscharte durch das Mathaisenkar ins Höllental.

Unterkunftsmöglichkeiten:

● 171 Kreuzeckhaus (Adolf-Zoeppritz-Haus), 1652 m

Im Besitz der AV-S. Garmisch-Partenkirchen, gj. bew. Schlafhaus erneuert; 58 B., 43 L., 10 M. Alle Zimmer mit fließend warmem und kaltem Wasser. Wenige Schritte neben dem Haus steht die Bergstation der Kreuzeckbahn, R 135.

● 172 Kreuzalm

Die Hütte der Weidegenossenschaft Garmisch-Partenkirchen liegt am gleichnamigen Sattel am Austritt des Zugangs von Garmisch-Partenkirchen aus dem Wald. Sommer und Winter bew.

● 173 Kreuzjochhaus, 1600 m

Nur Mitgliedern zugängliches Unterkunftshaus (unbew.) des TVN.

Zugänge:

● 174 Von Garmisch-Partenkirchen über die Tonihütte
3 Std., bez.

Von der Tonihütte südw. (Ww.) über das Moos und durch Wald erst ansteigend, dann eben westw., sodann wieder aufwärts über freie Hänge und später durch Wald in Windungen südw. zur Forstamtshütte bei den Trögeln, 1 Std. Nun am waldigen N-Hang gegen W ansteigend zur Einsattelung der Kreuzalm und deren Hütte. An ihr geradeaus vorbei zum Kreuzjochhaus oder rechts hinauf zum Kreuzeckhaus.

● 175 Kreuzeck von Hammersbach
3 Std.; bez., aber nicht ganz leicht zu finden.

Von Hammersbach ein kurzes Stück auf dem Klammweg und bei einem Ww. links ab. Der steile, oft lehmige Weg leitet auf eine Wiese und führt an einem Feldkreuz vorbei zu einer zweiten. Hier rechts in den Wald, durch den der Weg steil zum Boden südl. des Waldecks leitet. Von da auf der Forststraße, später auf der Kandahar-Abfahrt aufwärts zur Trögelhütte (R 174), 1½—2 Std. Von hier weiter auf Weg R 174 zum Kreuzeck, ¾ Std.

● 176 Vom Reintalbauern
4½ Std., bez. Mehr für den Abstieg geeignet.

Vom Reintalbauern (R 215) folgt man erst südwestw. dem Weg zur Reintalangerhütte, biegt aber beim Ww. rechts ab und trifft ansteigend bald auf den von rechts kommenden Zugang vom Hohen Weg.

Im Bodenlahntal (bez.) gleich rechts (nicht über den Bach) und zu einer Almhütte. Jenseits der Lichtung auf dem gleichen Ufer erst an einer Jagdhütte, dann rechts an einem auffallenden Felsturm vorbei und am Berghang aufwärts. Zuletzt gelangt man in Kehren auf die lange Einsattelung westl. des Kreuzecks.

● 177 **Von der Hausbergbahn**
1 Std. von der Bergstation.

Auf beschichtetem Weg zur Trögelhütte. Dann wie R 122.

● 178 **Kreuzeck — Hupfleitenjoch — Höllental**
2 Std. Sehr beliebter und landschaftlich schöner Übergang. Siehe R 310.

● 179 **Kreuzeck — Bockhütte**
3 Std. Siehe R 312.

● 180 **Kreuzeck — Reintalangerhütte** (Schützensteig)
5 Std. Siehe R 313.

● 181 **Kreuzeck — Höllentor — Höllental** (Rinderweg)
3 Std. Ab Höllentor ausgebauter Steig, erfordert Ausdauer. Siehe R 311.

● 182 **Auf das Kreuzjoch,** 1719 m
½ Std. Lohnende Aussicht. Siehe auch R 144.

Hinter der Kreuzalm zum Wald, wo man auf einen Pfad trifft, der nahe dem steil nach S abstürzenden Grat zum höchsten Punkt führt.

● 183 **Auf den Rauhkopf,** 1619 m
½ Std.

Der Rauhkopf ist der dem Kreuzeck westl. vorgelagerte felsige Kopf. Er kann vom Kreuzeckhaus entlang des Verbindungsgrates und auf der S-Seite (nicht auf die N-Seite ausweichen!) erreicht werden.

● 185 **Hochalm,** 1705 m

Private, gj. bew. Unterkunft. 7 B., 30 L. Talstation der Hochalmbahn, R 134, auf den Osterfelderkopf. Prachtvoll in einem Kessel unter der Alpspitze gelegen, die sich hier besonders mächtig präsentiert. Hübscher Blick nach O auf Karwendel und Vorkarwendel, Benediktenwand und einen Teil des Loisachtales.

Ausgangspunkt für Höllentorkopf, Alpspitze, Blassengrat, Höllentalspitze. Übergänge über das Hupfleitenjoch, das Höllentor und die Grieskarscharte ins Höllental, über die Mauerscharte und den Schützensteig zur Reintalangerhütte, über den Stuiben zur Bockhütte.

● **186** **Vom Kreuzeck**
½ Std.

Man folgt dem breiten, nordw. ziehenden Weg.

● **187** **Bergstation Osterfelderkopf,** 2030 m

Selbstbedienungsrestaurant in der 1. Etage der kombinierten Bergstation der Osterfelderbahn/Hochalmbahn mit großartigem Ausblick auf die direkt gegenüberliegende Alpspitze (N-Wand). Zu erreichen vom Tal mit der Osterfelderbahn, R 133, vom Kreuzeck über Hochalm und von da weiter zu Fuß oder mit der Hochalmbahn, R 134.

● **188** **Vom Kreuzeck** (R 170)
½—¾ Std.

Über den Verbindungsrücken zum Fuß der Längenfelder und unter oder oberhalb (im Winter) der Schwalbenwand entlang zur Seilbahnstation.

● **190** **Stuibenhütte,** 1635 m

Auf der Stuibenalm über der Waldgrenze hart an der Stuibenmauer gelegene Skihütte der AV-S. Garmisch-Partenkirchen. Von Dezember bis April bewartet. Am Weg Kreuzeck — Mauerscharte. Nur im Winter zugänglich.

● **191** **Vom Kreuzeck**
1½ Std. Siehe R 312.

● **192** **Trögelhütte,** 1429 m

Forstamtshütte bei den Trögeln, halbwegs zwischen Tonihütte und Kreuzeck; von der AV-S. München für ihre Mitglieder gepachtet und nur diesen zugänglich.

● **193** **Rießerkopfhütte (Tonihütte),** etwa 1100 m

Südl. des Rießerkopfes am Rießermoos. In Besitz des Landkreises Rothenburg als Erholungsstätte.

● 194 Von Garmisch über die Aulealm
1½ Std.

Vom Marienplatz in Garmisch über den Rießersee der Bez. zum Kreuzeck folgend, meistenteils schattig, oder auf der Forststraße ab Aulealm.

● 195 Von Garmisch über den Hausberg
1¼ Std. Steiler, aber etwas näher als R 194.

Durch die Klammstraße zum Hausberg und zunächst auf dem Weg zum Kochelberg (R 53). Man verläßt ihn bald rechts und folgt einem Ziehweg, der in Nähe der Hausberg-Seilbahn ansteigt. Unterhalb der freien Wiesen des „Horns" quert man nach rechts durch einen Graben und steigt jenseits zur Hütte hinauf.

● 196 Tonihütte — Kreuzeck
1½ Std. Siehe R 174.

● 198 Garmischer Haus, etwa 1330 m

Das Garmischer Haus des SC Garmisch liegt am O-Ende des Rimlermooses mit prachtvollem Blick auf Alpspitze, Zugspitze und Waxensteine. Gj. bew. Unterkunft, 4 B., 10 M.

● 199 Über die Trögelhütte nach Garmisch
2½ Std.

Unmittelbar südl. der Bergstation der Hausbergseilbahn (R 11) gabeln sich die Wege. Man überquert auf unverlierbarem Steig in westl. Richtung das Rimlermoos und gelangt durch Wald in 20 Min. zur Forstamtshütte bei den Trögeln. Von hier auf R 174 über die Tonihütte (R 195) ins Tal.

● 200 Zum Kreuzeck
1 Std.

Von der Hütte erst über das Rimlermoos zur Trögelhütte (R 199). Von hier auf R 174 zum Kreuzeck.

● 201 Zum Kreuzjoch
¾ Std. Sehr lohnende Aussicht.

Bevor der Weg zur Trögelhütte den Wald erreicht, öffnet sich links die Abfahrtschneise der Kreuzwanklabfahrt. Man steigt auf ihr unter dem Schrofenkessel der Kreuzwankl hindurch zur Schneise der Olympiaabfahrt, die bis zum Rücken hinauf verfolgt wird. Über ihn zum höchsten Punkt. Oder: Von der Schneise der Olympiaabfahrt führt ein neuer Steig mit Seilsicherung durch die Felsen direkt auf das Kreuzwankl.

● 202 Zum Bayernhaus
¼ Std.

Von der Hütte zur Hausbergseilbahn (R 199) und noch vor dieser (Ww.) rechts zum Bayernhaus (R 206). 15 Min.

● 203 Abstieg zum Reintalbauern
¾ Std. Siehe R 212.

● 204 Abstieg zur Partnachklamm
½ Std. Siehe R 213.

● 205 Abstieg über den Kochelberg nach Garmisch
1½ Std. Siehe R 208.

● 206 Bayernhaus, 1270 m

Das Bayernhaus befindet sich in herrlicher S-Lage unweit der Bergstation des Hausberg-Sesselliftes mit prachtvollem Blick auf den Wettersteinkamm von der Alpspitze über den Hochwanner auf die Berge des Oberreintals, die Dreitorspitzgruppe und den Wettersteingrat. Im O sind Teile des Karwendels, darunter die Soierngruppe, sichtbar. Vor ihnen liegt der Rücken, der den Eckbauern trägt. Daran schließt sich die Krottenkopfgruppe mit dem Wank. das rustikal erneuerte Haus ist gj. bew. und bietet gepflegte Unterkunft. 30 B., 30 M. Telefon.

● 207 Von der Hausbergbahn
8 Min.

Unmittelbar südl. der Bergstation teilt sich der Weg (Ww.). Man hält sich links und gelangt meist durch Wald auf bequemem Weg in sanftem Gefälle zum Haus.

● 208 Von Garmisch-Partenkirchen
1¾—2 Std.

Vom Bhf. zum Hausberg, durch einen Hohlweg, bei einem Ww. rechts auf das Plateau des Kochelbergs und noch vor der Kochelbergalm rechts ab. Der Pfad führt, spärlich bez., über die Wiesen der Kochelberg-Skiabfahrt aufwärts. Nach einiger Zeit teilt er sich. Nun entweder, bequemer, aber etwas weiter, links auf einem Ziehweg, zum Teil durch Wald, zum Schluß wieder über freies Gelände von der S-Seite zum Haus. Oder auf dem Pfad des Aufstieges bleibend ziemlich steil zum Ziel.

● **209 Zum Garmischer Haus**
¼ Std.

Auf Weg R 207 zurück zur Bahn und auf R 199 zur Hütte.

● **210 Zum Kreuzeck**
1 Std. Siehe R 200.

● **211 Zum Kreuzjoch**
¾ Std. Siehe R 201.

● **212 Zum Reintalbauern**
¾ Std.

Vom Bayernhaus auf Ziehweg, R 208, hinunter zum Wald und durch ein Gatter. Genau auf die Markierung achtend zunächst südw., bald jedoch links durch eine Schneise, dann abermals links und gleich wieder rechts auf die steilen Wiesen, die zum Hohen Weg hinunterleiten, der da erreicht wird, wo er sich endgültig zum Reintalbauern hinabwindet.

● **213 Abstieg zur Partnachklamm**
½ Std., in umgekehrter Richtung ¾ Std. Bez.

Vom Bayernhaus auf Ziehweg, R 208, nach Garmisch bis nach 10 Min. der Weg zur Partnachalm rechts abzweigt. (Ww. schon von weitem sichtbar.) In einer weiteren ¼ Std. auf gutem Steig mit bequemem Gefälle hinunter auf den Hohen Weg, der nächst der Partnachalm erreicht wird.

● **215 Reintalbauer,** 951 m

Durchgangspunkt für Fahrten in der Dreitorspitzgruppe, dem Oberreintal, Reintal, Zugspitzplatt, Stuiben-Alpspitzgebiet, Hochalm, Kreuzeck, Bayernhaus. Das Gehöft des Reintalbauern wurde vor langer Zeit abgerissen. Der „Reintaler Hof", ein Erholungsheim des Deutschen Gewerkschaftsbundes, bietet keine Touristeneinkehr bzw. -unterkunft und ist seit 1984 geschlossen.

Reintalangerhütte mit den Gatterlköpfen.

● 216 Von der Partnachalm
1½—2 Std.

Von der Partnachalm, R 33, weiter den Hohen Weg verfolgend, zum Schluß abwärts, zu der auf grünem Plan liegenden Kapelle des ehemaligen Gehöfts.

● 217 Durch die Partnachklamm
1½—2 Std. vom Tal, bez.

Nach der Klamm über den Ferchenbach und die Partnach. An ihr entlang, bis ein Ww. rechts ab zum Reintalbauern führt.

● 218 Zum Bayernhaus
¾ Std. Siehe R 213.

● 220 Bockhütte

Die Bockhütte liegt im Reintal an der Stelle, wo sich dem vom Tal Kommenden zum ersten Mal der Blick auf den malerischen Talhintergrund (Plattspitz) öffnet. Sie ist lediglich Hirtenhütte und bietet keine Unterkunft. Während der Almzeit einfache Bewirtung.

● 225 Reintalangerhütte (Angerhütte), 1366 m

Am Reintalanger, unmittelbar am Fuß der gewaltigen N-Abstürze des Hochwanners und des Kleinen Wanners gelegen. Ende Mai bis Mitte Oktober bew. 26 B., 64 L.; Tel. 0 88 21 / 29 03. Die Hütte wird seit 1985 mittels der Wasser der Partnach und eines Mini-Kraftwerks mit umweltfreundlicher Energie versorgt.
Ausgangspunkt für Wanner-N-Anstiege, Kirchtürme, Hochblassen, Zugspitze.

● 226 Vom Reintalbauern über den Hohen Weg
2 Std., bez.

Vom Bauernhof führt ein Steig eben ins Bodenlahntal (beim Ww. „Zum Kreuzeck“ nicht rechts abgehen!). Man überschreitet den Bach etwas absteigend auf einem Steg. Jenseits kurz aufwärts und auf dem nun nicht mehr zu verfehlenden Steig weiter, bis er auf die von der Partnachklamm kommende Forststraße trifft.

● 227 Durch die Partnachklamm
5—5½ Std. vom Tal. Bez.

Durch die Partnachklamm, R 557, und hinter ihr genau auf die Ww. achtend erst über einen Steg des Ferchenbaches, dann auf der

Forststraße über die Partnach und an deren rechtem Ufer talein. Bei der Einmündung der Bodenlahn (Blick zur Alpspitze) Abzweigung rechts zum Reintalbauern und Reintaler Hof. Immer auf der Forststraße, nach zwei Kehren Vereinigung mit dem vom Reintalbauern kommenden Weg, R 226.
Nun gemeinsam schattig hoch über der Mitter- und Hinterklamm fast eben weiter bis der Weg sich senkt (schöner Einblick in die Klamm) und zur Partnach hinabführt. Nach Uferwechsel mäßig steigend durch Hochwald talein (etwa 20 Min. nach dem letzten Steg zweigt links, Ww., der Steig ins Oberreintal und zum Schachen ab). Bald führt eine Brücke wieder auf das rechte Ufer und zur Bockhütte (R 220, etwa 3 Std. vom Tal). Schöner Blick auf den Talschluß und die N-Wände der Hundsställe. Am linken Ufer in mäßiger Steigung an der Quelle der Sieben Sprünge vorbei, einige Lichtungen und Gräben querend zur Blauen Gumpe, ½ Std. Der Weg folgt nunmehr dem nördl. Talhang sanft steigend gegen den Talriegel, über den die Partnach in tosendem Fall herabspringt. Zwei Lawinenzüge querend meist durch Wald zur Hütte.

● 230 **Knorrhütte,** 2052 m

Unter dem Zugspitzplatt am Fuß des Brunntalkopfes gelegen, mit schönem Blick auf Hochwanner, Gatterlköpfe, Plattspitze (Zugspitze von der Hütte nicht sichtbar). Im Besitz der DAV-S. München, von Ende Mai bis Mitte Oktober bew. 17 B., 100 L.
Ausgangspunkt für Plattumrahmung, Zugspitze, Höllentalspitzen und Hochwanner.

● 231 **Von der Reintalangerhütte**
2 Std., bez.

Von der Reintalangerhütte, R 225, auf dem linken Partnachufer talein. Nach wenigen Metern auf das rechte Ufer und zur Wiesenfläche des Oberen Angers. Der Pfad hält sich am Rand von Trümmern. Der bisher ebene Weg steigt nun in Kehren steil gegen einen Felsriegel an und wendet sich unter ihm nordwestw. ins Brunntal. Man kommt an einem offenen Unterstand vorbei, nach dem sich bald der Weg teilt (Ww.). Von hier entweder rechts durch Krummholz und über eine lange Sandreiße empor oder, besser, der Sohle des Brunntals folgend, dann an dessen nördl. Begrenzung steil empor zur Hütte, die unter dem W-Fuß des Brunntalkopfes liegt.

● 232 **Von Ehrwald über das Gatterl**
5½ Std., bez. Mühsam, als Aufstieg nicht zu empfehlen.

Von Ehrwald zur Ehrwalder Alm (R 290) und ostw. zur Pestkapelle. 2½ Std. Nun (Ww.) links durch einen Waldstreifen und nordostw. in Kehren zu dem von den Gatterlköpfen herabstreichenden Rücken. Die Wiesenmulde östl. des Rückens querend zum Feldernjöchl, 2041 m. Hier mündet auch der aus Leutasch kommende Weg. Nun links am steilen Hang erst absteigend, dann steil aufwärts, zuletzt durch eine felsige Gasse, zum Gatterl, 2 Std. (Der Übergang liegt etwa 100 m über dem tiefsten Einschnitt.) Jenseits erst in Kehren abwärts, dann die Hänge fast horizontal querend in weitem Bogen (Plattsteig) zur Knorrhütte. 1 Std.

● 233 Aus der Leutasch

6½ Std., 4½ Std. von der Tillfußalm; bez. Siehe Abb. S. 97.

Von Leutasch durchs Gaistal zur Tillfußalm, 2 Std., R 278. Oberhalb des Jagdhauses in den Wald (Ww.) und auf gutem Steig meist in Kehren, später durch Latschen hoch über dem Kothbach zu den Steinernen Hütteln, 1930 m, 1¾ Std. Nun links über Rasen und Geröll hinauf zum Kothbachsattel, 2186 m, 1 Std. Westw. weiter in einigen Min. zu einem zweiten Sattel und westw. an der Lehne und auf dem Rücken hinab zum Feldernjöchle, ¼ Std. Weiter zur Knorrhütte auf Weg R 232.

● 235 Schneefernerhaus, 2650 m

Am Zugspitzplatt. Endstation der Zahnradbahn der BZB. Herrlicher Blick auf die Umrahmung des Zugspitzplatts und von den Ötztalern über Stubaier, Zillertaler bis zu den Tauern. Bei günstiger Witterung sind sogar Dolomitengipfel zu sehen.
Das Schneefernerhaus besteht aus einem modern ausgestatteten Hotel und dem Touristenhaus mit zusammen 100 B., gj. geöffnet. Wintersportbetrieb Oktober bis Mai.
Ausgangspunkt für alle Touren in der Umrandung des Zugspitzplatts, einschließlich der Zugspitze selbst, Übergang über das Gatterl nach Ehrwald oder nach Leutasch. Abstieg über die Knorrhütte nach Partenkirchen.

Die Knorrhütte mit ihrer eigenwilligen Giebelform. Diese dient zum Ableiten winterlicher Lawinen, die über das Dach hinwegdonnern. Dahinter baut sich die Wand zum Höllentalgrat auf.

● 236 Gletscher-Restaurant „Sonn-Alpin“, 2550 m

Das neue Haus auf dem Zugspitzplatt bietet gemütliche Einkehr in rustikaler Atmosphäre. Station der Zahnradbahn der BZB. Die Hangbahn verbindet es mit dem Schneefernerhaus.

● 237 Von der Knorrhütte

1½ Std. Bei unsichtigem Wetter ist das Zurechtfinden auf dem Zugspitzplatt außerordentlich schwierig.

Der Pfad führt erst über einen steilen Rücken meist in Kehren nordwestw. über die Buckel und durch die Mulden des Zugspitzplatts aufwärts. Wo die Steigung sanfter wird, erblickt man bald rechts auf der Großen Sandreiße das Schneefernerhaus. Man betritt am besten den Schneeferner ungefähr in Fallinie des Hauses und steigt über ihn empor, bis man auf fast ebenem Pfad rechts zum Haus hinüberqueren kann. Bequemer und rascher bewältigt man den letzten Anstieg mit Hilfe der Hangbahn (R 131).

● 238 Münchner Haus, 2957 m

Auf dem W-Gipfel der Zugspitze. 1897 von der AV-S. München erbaut; 1900 folgte der Bau des meteorologischen Turmes, der das ganze Jahr von wissenschaftlichen Beobachtern besetzt ist. Das Münchner Haus ist gj. bew. 17 L. Tel. 0 88 21 / 29 01.
Inzwischen ist die Beobachtungsstation durch Anbauten bedeutend vergrößert worden. Hinzugesellt haben sich eine Forschungsstelle des Max-Planck-Instituts, die Physikalisch-biologische Forschungsstelle München, eine Richtfunkstation der Deutschen Bundespost sowie die Bergstation der Gipfelbahn der Tiroler Zugspitzbahn und die Bergstation der Seilbahn Eibsee — Zugspitze. — Eine Besichtigung der technischen bzw. wissenschaftlichen Einrichtungen ist wegen des großen Andranges und der damit verbundenen Störungen des Betriebs nicht möglich.

● 239 Vom Schneefernerhaus

1—1½ Std. Siehe R 351.

● 240 Von der Bergstation der Tiroler Zugspitzbahn

Über den Grat.

● 241 Vom Höllental

5—6 Std. von der Höllentalangerhütte, R 160. **I** (Stellen), Drahtseilsicherungen und Eisenstifte. Im Herbst sind Steigeisen auf dem Höllentalferner zu empfehlen. Gelegenheitsbergsteigern nur mit Führer anzuraten, da lang und anstrengend und bei Wetterumschlag gefährlich (Blitzschlaggefahr im oberen Wandteil entlang der Drahtseile). Siehe R 353.

● 243 Höllentalgrathütte, 2684 m

Diese Hütte der AV-S. München befindet sich etwas westl. der Äußeren Höllentalspitze. Sie dient nur als Notunterkunft bei Witterungsumschlägen oder ähnlichen Ereignissen. Weder Holz noch Decken. Türe stets wieder schließen wegen Schneeverwehung!

● 245 Franz-Fischer-Hütte (Oberreintalhütte), 1525 m

Im landschaftlich großartigen, weltabgeschiedenen Oberreintalboden gelegen, der auf drei Seiten von den himmelstrebenden Wänden der Dreitorspitze, Schüsselkarspitze, Scharnitzspitze, des Oberreintalschrofens und des Zundernkammes umschlossen ist.
Unbew. Hütte der AV-S. Garmisch-Partenkirchen, die nur dem Kletterer als Stützpunkt für die ausnahmslos schwierigen Fahrten in diesem wildesten und schönsten Gebiet des Wettersteinkammes dient. 40 L., 5 N.
Im Winter vollkommen unzugänglich. Von Pfingsten bis Anfang oder Mitte Oktober Hüttenaufsicht; dann Getränke erhältlich.

● 246 Von Garmisch-Partenkirchen
4½—5 Std., bez.

Auf dem Schachenweg (R 235) in das Oberreintal. Bei Ww. rechts ab und auf gut kenntlichem Steiglein durch Wald am W-Rand des Kessels in 20 Min. zum hintersten Oberreintalboden, auf dem die Hütte inmitten alter Ahorne steht.

● 247 Vom Schachen
¾ Std.

Auf R 253 ins Oberreintal und auf R 246 links zur Hütte.

Folgende Doppelseite: Münchner Haus auf dem Zugspitzgipfel. Blick nach Südwesten: Ötztaler, Lechtaler und Allgäuer Alpen (Hochvogel) ragen aus dem Nebelmeer. Daneben auf Tiroler Grund das österreichische Berghotel. Im Vordergrund die Dachterrasse der Eibsee-Seilbahn.

● 248 **Schachen,** 1866 m

Auf dem Schachen steht das von König Ludwig II. erbaute Jagdschloß. Besichtigung unter Führung um 11 bzw. 14 Uhr gegen Gebühr. Außer der Reihe für Gruppen mit mindestens 20 Personen. Etwas unterhalb des Königshauses befinden sich die Touristenhäuser, die dem allgemeinen Verkehr zugänglich sind. Im Sommer bew. von Anfang Juni bis Mitte Oktober. 22 B., 12 L. Tel. 0 88 21 / 29 96. Einen berühmten Rundblick bietet der vom Schachen am Schloß vorbei in wenigen Min. erreichbare Schachenpavillon auf einer senkrecht ins Reintal abbrechenden Felskanzel. In der Tiefe liegt das waldige Reintal mit der Blauen Gumpe. Nach links fällt der Blick ins Oberreintal. Von der Dreitorspitze bis zum Hochwanner läßt sich die Reihe der mächtigen Gipfel verfolgen. Über dem Reintal und dem Platt mit seinen Karren- und Firnfeldern steht die Plattspitze und der prächtige Schneefernerkopf. Rechts davon ziehen Hochblassen und Alpspitze das Auge an, während es nach N über Partenkirchen und das Loisachtal weit in die Ebene hinausschaut. Vom Schloß ist im Einschnitt zwischen Schachenplatte und Frauenalplkopf die Meilerhütte sichtbar. In der Nähe des Schlosses liegt einer der schönsten, reichhaltigsten und gepflegtesten Alpengärten der Ostalpen. Besichtigung möglich.

● 249 **Über die Wettersteinalm**

4½—5 Std., bez.

Wie bei R 557 durch die Partnachklamm. Bei der Wegteilung hinter der Klamm rechts und über den Ferchenbach. Sofort nach der Brücke (Ww.) links und am Ferchenbach auf der Forststraße talein bis rechts ein Steg über den Ferchenbach leitet. Der Weg steigt in Kehren steil an, verläuft aber bald sanfter durch den Wald auf eine Lichtung (Holzerhütte). Man quert sie (Ww.) und erreicht bald darauf den von Elmau kommenden Königsweg. Diese breite und bequeme Forststraße führt in mäßiger Steigung in den Kessel der Wettersteinalm, R 255, 3 Std.
Der Königsweg führt vor der Alm in einigen Kehren steiler empor, umgeht nördl. den Steilenberg, quert fast eben den N-Abfall des Schachentorkopfes und biegt in die weite Mulde der Schachenalm

Blick vom Aussichtspunkt beim Schachen in den Kessel des Oberreintals. Im Kreis die Franz-Fischer-Hütte der AV-Sektion Garmisch-Partenkirchen.

Oberreintalschrofen
Westliche Wangscharte
Oberreintal-scharte
Scharnitz-kar
Oberrein-talkar

ein. Nun in großem, nach NW offenem Bogen zuletzt vom Weg links ab zum Schachenhaus. 2 Std. Weg reichlich betafelt.

● 250 Über das Kälberhüttl
3½—4 Std.

Von R 249 gleich nach der Ferchenbachbrücke rechts ab und auf dem guten Steig bergan. Die Spur führt erst durch den Wald, dann hart über den die Steilen Fälle bildenden Graben steiler hinauf, bis sie einen fast ebenen Waldboden betritt. Hier scharf rechts zu einer Lichtung, auf der früher das sog. Kälberhüttl stand. 1¼ Std. vom Ferchenbach. Jenseits (südl.) der Lichtung auf steinigem Weg durch Hochwald mehrmals die Forststraße querend, in einer Schneise mäßig steil aufwärts. Nach etwa ½ Std. biegt der Weg rechts ab und führt steil in kurzen Kehren auf den Keilschrofen und zuletzt eben zum Königsweg, den er kurz oberhalb des Steilenberges trifft. Auf dem Königsweg wie R 249 zum Schachen.

● 251 Von Elmau
3½—4 Std. Bequemster Zugang.

Von Klais (Bahnstation) nach Elmau, 1½ Std. (als Mautstraße auch mit Kfz möglich). Beim Ghs. in Elmau beginnt der Königsweg, der als Forststraße in mäßiger Steigung über die Wettersteinalm zum Schachen führt. Für Kfz gesperrt.

● 252 Von Mittenwald auf dem Bannholzweg
5 Std., bez. Bei Wegteilungen Achtung auf Markierung.

Von Mittenwald auf dem Elmauer Sträßchen am Ferchensee vorbei. Einige hundert Meter nach dem Ghs. zweigt links (Ww.) der Bannholzweg ab. Er führt schattig durch den Wettersteinwald auf das Königssträßchen, das er etwa ½ Std. unterhalb der Wettersteinalm erreicht.

● 253 Über das Oberreintal
4—4½ Std. Als Abstieg empfehlenswert. Siehe Abb. S. 79.

Von Garmisch-Partenkirchen ins Reintal, bis kurz vor der Bockhütte (Ww.) der Weg zum Schachen links abführt. Erst neben dem Bachbett des Oberreintalbaches, dann etwas rechts von ihm, nun steiler und in Kehren, meist durch Wald ins Oberreintal, ¾ Std. von der Partnach. Nun nicht rechts dem Ww. zur Oberreintalhütte folgend, sondern erst längs des meist trockenen Bachbettes, dann dieses überschreitend zunächst wenig steigend nach links, bald aber ver-

Der Zustieg zur Meilerhütte vom Schachen. Der Weg führt auf teils in den Fels gehauene Stufen und über die Wiesen der Frauenalpe zum Dreitorspitzgatterl.

schiedene Rinnsale querend in Kehren steil hinauf auf die Höhe des Schachen, den man nahe dem Aussichtspavillon erreicht. 1 Std. vom Oberreintal. Hübsche Blicke ins Reintal und besonders ins Oberreintal. Empfehlenswerter für den Abstieg. Man merke hierfür: Vom Pavillon links, aber nicht zum Wasserreservoir, sondern vorher rechts hinunter.

● 255 Wettersteinalm, etwa 1450 m

In einem großartigen Kessel zu Füßen der Wände, die vom Musterstein zur Wettersteinwand ziehen. Almwirtschaft in der Weidezeit.

● 256 Von Garmisch-Partenkirchen

3½ Std. Siehe R 249.

● 257 Von Mittenwald über den Bannholzweg

3½ Std. Siehe R 252.

● 258 Meilerhütte, 2366 m

Hütte der AV-S. Garmisch-Partenkirchen, unmittelbar am Grat in der Einschartung des Dreitorspitzgatterls gelegen. Bew. von Anfang Juni bis Anfang Oktober. 6 B., 70 L., 20 N. WR mit 8 L. und 6 N. AV-Schloß, Schlüssel erhältlich bei jeder deutschen AV-S. Rucksacktransport im Sommer mit Materialseilbahn ab Nähe Schachen möglich.

Die Meilerhütte wurde 1984 mit einer Solaranlage ausgerüstet. Die alternative Energie hilft, die Schlaf- und anderen Räume zu beleuchten und kleine Maschinen zu betreiben. 1990 wurde die Solaranlage im Zuge eines EG-Pilotprojektes in Verbindung mit Windkraft erweitert.

Die Fernsicht ist der eines Gipfels ebenbürtig. Nach W und N gleicht sie der vom Schachen ohne Oberreintal. Dafür sind aber Zugspitze und Teile des Waxensteinkammes sichtbar. Im O das vielgipfelige Karwendelgebirge. Nach S (im Vordergrund der trotzige Öfelekopf) schweift der Blick über das Seefelder Hochland und das Inntal zu den eis- und schneegekrönten Gipfeln der Tuxer und Zillertaler Zentralalpen. Rechts davon erscheint die wuchtige Gestalt des Habicht im Stubai. Im SW, dicht über der Hütte, ragt der kühne Felsturm der Dreitorspitze (NO-Gipfel) auf. Links davon, am Ende des Gratverlaufs, die Leutascher Dreitorspitze.

● 259 Vom Schachen

1½ Std. Bester Zugang, etwas Schwindelfreiheit erforderlich. Siehe Abb. S. 79.

Die Meilerhütte (Solarzellen auf dem Dach) zwischen Waschraum (links) und Winterhütte (rechts) unter den aufgestellten Felsschichten der Törlspitzen.

Vom Schachen führt der gute Weg über den begrünten Rücken des Teufelsgsaß zum Anschluß an die Felsen des Frauenalprückens. Auf ausgesprengtem Steig in Kehren hinauf auf das Frauenalpl. Zuletzt (Nähe Seilbahnstütze) etwas abwärts, dann über einen Hang zum Frauenalplsattel. Absteigend gelangt man an einem Felsen (links Denkmal für die gefallenen Bayerländer) rechts vorbei in eine Gasse, die scharf links zu dem schmalen Geröllfeld leitet, über das man in wenigen Min. die Hütte erreicht.

● 260 Durch das Angerlloch

2½ Std. Nur für erfahrene Bergsteiger. Nur teilweise bez.

Von der Wettersteinalm (R 255) aus in das Nadeltal und nach links durch die plattige Schlucht östl. der Frauenalplspitzen. Dann auf Steig südl. derselben.

● 261 Durch das Berglental

4—4½ Std., bez. Siehe Abb. S. 165.

Die Zugänge aus der Leutasch haben gegenüber denen der N-Seite den Vorzug, daß sie schon auf einer Talhöhe von 1100 m beginnen. Zwischen den Gehöften Lochlehen und Reindler auf dem beim Gasthof „Hubertushof" beginnenden Fahrweg (Beschilderung), an mehreren Gedenkkreuzen vorbei, auf bez. Weg erst über Wiesen, dann durch Wald (hier kommt von links der Weg von Leutasch-Gasse), um den O-Abfall des Öfelekopfes herum zum Berglenboden. Nun links aufwärts über der Berglenklamm taleinwärts. Unter den Wänden des Mustersteins wechselt der Steig die Talseite und leitet zuletzt in Kehren zur Hütte.

● 262 Über den Söllerpaß

4 Std. von der Leutasch. Kürzester Zugang. Im Aufstieg nur bei kühlem Wetter empfehlenswert. Landschaftlich großartig. Trittsicherheit und Schwindelfreiheit erforderlich.

Man verläßt Leutasch-Gasse (Haltestelle des Postautos), indem man in Richtung Mittenwald einer zur Meilerhütte weisenden Beschilderung folgt. Die Straße führt, eine Kapelle (16. Jh.) links lassend, zwischen den Gehöften (Lehner) zu einer Einzäunung und in den Wald, wo man bald auf den Puitbach trifft. An seinem jenseitigen Ufer sofort scharf links bergauf. Man gelangt so auf einen Pfad, der zum Teil durch Wald und in Kehren steil zum landschaftlich großartigen Puitental hinaufführt. ¾ Std.

In sanfter Steigung talein, bis eine Bez. rechts weist. Sie führt zu einem Graben; an seiner Seite empor bis er felsig wird. Hier anfangs links, bald aber wieder rechts außerordentlich steil hinauf über die Latschengrenze, wo sich der Steig an einer grünen Rippe fortsetzt. Schon ziemlich hoch links durch einen felsigen Graben auf eine andere Rippe. Nahe unter dem Absturz leitet der Steig rechts zum Söllerpaß. 1½ Std. vom Puitental.
Nun auf die Bez. achtend (wenige rote Marken, zahlreiche Steindauben) über die Mulden und Buckel des Leutascher Platts zu dem aus dem Berglental kommenden Zugang R 261. Auf ihm zur Hütte. 1 Std. vom Söllerpaß.
Von Mittenwald Kommende steigen vom Weiler Puitbach (an der Leutascher Straße) längs des Puitbaches aufwärts, bis sie im Wald auf den von Leutasch-Gasse kommenden Weg treffen.

● 265 Erinnerungshütte am Scharnitzjoch, 2083 m

Die Hütte befindet sich in landschaftlich großartiger Lage etwas südl. oberhalb des Scharnitzjoches. Prachtvoller Blick nach N auf die steilsten und berühmtesten Kletterwände des Wettersteinkammes. Unbew. Nur für Mitglieder des Akademischen Alpenvereins München.
Die Hütte ist für Kletterer errichtet worden. Der einzige leicht erreichbare Berg der Hüttenumgebung ist die Gehrenspitze.
Übergänge: Scharnitzjoch (R 323), Söllerpaß (R 262).
Zugänge: Von Leutasch (R 323), über die Wangalm (R 267), Puitental (R 323).
Die Hütte ist Ausgangs- bzw. Endpunkt des S-Steiges zu oder von den Steinernen Hütteln (R 315).

● 266 Wangalm, 1753 m

Auf einem aussichtsreichen Vorsprung am unteren Ende der Mulde gelegen, die nördl. von Schüsselkarspitze, Scharnitzspitze und Oberreintalschrofen eindrucksvoll abgeschlossen wird. Die Alm ist Durchgangspunkt für die S-Anstiege auf die genannten Gipfel und die Gehrenspitze, sowie für die Übergänge über Oberreintalscharte und das Scharnitzjoch. Während der Almzeit Getränke erhältlich. Unterkunft.

● 267 Von Oberleutasch
1½—2 Std.

Beim Ghs. Gaistal in Oberleutasch über die Brücke. Jenseits neben dem Feuerwehrschuppen rechts auf eine niedrige Stufe. Oben links und bei Haus Nr. 74 rechts durch die Einzäunung. Der Feldweg bringt auf die Lärchenwiesen oberhalb der Ortschaft. Hier kommt von links der Weg herauf, der an der Einmündung des Scharnitzbaches in die Leutascher Ache abzweigt. Nun gemeinsam rechts, stets hoch über dem Bach, auf nicht zu verfehlendem Almweg zur Baumgrenze und über die freien Hänge zu der schon längere Zeit sichtbaren Hütte. Wegverbindung zur Hemermoosalm R 274.

● 268 **Wettersteinhütte**

Unweit der Wangalpe auf einem Bergrücken unterhalb des Roßberges gelegene Hütte der Tiroler Bergwacht. Bew. von Pfingsten bis Anfang Oktober. 30 L. Tel. 0 52 14 / 66 88.

● 270 **Hemermoosalm,** 1400 m

Die Hütten liegen ungefähr am oberen Rand der Weidefläche. Herrlicher Blick auf Wetterstein, Mieminger, Zillertaler und Seefelder Berge. Gj. bew. Unterkunft.
Hübscher, lohnender Ausflug von Oberleutasch, Ausgangspunkt für die Zugänge zur Rotmoosalm durch das Leithenbach- und Sulzbachtal. Wegverbindung zur Wangalm.

● 271 **Von Oberleutasch**
1—1¼ Std., bez.

Von Oberleutasch ins Gaistal, bis kurz nach der Brücke über den von rechts kommenden Sulzbach (¾ Std.) rechts ein Almweg zur Hemermoosalm (Ww.) abzweigt.

● 272 **Rotmoosalm,** 1854 m

Die Rotmoosalm liegt auf der S-Seite des Wettersteinkammes oberhalb der Baumgrenze und unterhalb der Wände, die vom Hochwanner zum Hinterreintalschrofen ziehen. Almwirtschaft.
Sie ist erreichbar von der Hemermoosalm und der Gaistalalm, auch ist sie Durchgangspunkt des S-Steiges.

● 273 **Von der Gaistalalm**
1¼—1½ Std.

Der ausgeprägte Karrenweg führt von der Gaistalalm erst gerade, dann rechts über die Almhänge empor. Er biegt ungefähr an der unteren Latschengrenze entlang ins Tal des Leitenbaches ein und steigt aus ihm in weitausholenden Kehren hinauf zum Rotmoos.

● 274 Von der Hemermoosalm

Etwa 1½—2½ Std. vom Tal. Günstigster Zugang.

Aus dem nordwestl. Winkel der Almfläche durch Wald erst in sanfter Steigung aufwärts, dann hinunter zum Leithenbach. Jenseits trifft man auf den Karrenweg von der Gaistalalm, R 273. Auf ihm zum Rotmoos.
Für den Abstieg merke man: Wo die Kehren des Karrenweges auf einen grünen Boden auslaufen, scharf links über den Bach und auf dem nicht zu verlierenden Steig zur Hemermoosalm.

● 275 Gaistalalm, 1356 m

Die Gaistalalm liegt im gleichnamigen Tal. Sie ist der Niederleger zur Rotmoosalm und ist von Juni bis September einfach bew. Sie ist Durchgangspunkt für den Übergang von der Leutasch über die Ehrwalder Alm nach Ehrwald (R 325) und den Weg durchs Gaistal zu den Steinernen Hütteln und zum Zugspitzgatterl (R 233). Bei ihr beginnt einer der Zugänge zur Rotmoosalm (R 273).

● 276 Von Oberleutasch

1½ Std.

Auf dem Fahrweg ins Gaistal, bis rechts oberhalb des Sträßchens die Hütte sichtbar wird (nicht übersehen!).

● 278 Tillfußalm, 1391 m

Idyllisch im Gaistal gelegen. Almwirtschaft. Heulager. Unmittelbar unterhalb das ehemalige Jagdhaus Ganghofers, wo ein Teil seiner Hochlandromane entstand. Durchgangspunkt der Wanderung von Ehrwald über die Pestkapelle nach Leutasch, für den Weg über die Steinernen Hütteln und das Gatterl zur Knorrhütte und Zugspitze, sowie für die S-Anstiege auf Kleinen und Hochwanner. Durchgangs- oder Stützpunkt für Fahrten in den Miemingern: Übergang über Niedermundesattel nach Telfs im Inntal, für Hohe Munde, Karkopf.

● 279 Von Leutasch durch das Gaistal

2 Std.

● 280 Von Ehrwald über die Ehrwalder Alm

4 Std.

● 281 Steinerne Hütteln, 1930 m

Diese schon hoch über der Baumgrenze am S-Hang des Kleinen

Wanners befindlichen Almhütten liegen zwar außerordentlich malerisch, bieten jedoch, halb im Erdboden vergraben, nur sehr beschränkte und primitive Unterkunft. Almwirtschaft. Durchgangspunkt für den Aufstieg aus der Leutasch zur Zugspitze (R 233), die S-Aufstiege zum Kleinen und zum Hochwanner (R 464), Beginn des S-Steiges (R 315).

● **282** **Von der Tillfußalm**
1½ Std. Siehe R 233.

● **283** **Von der Knorrhütte über das Gatterl**
2—2½ Std. Siehe R 233.

● **285** **Feldernalm,** 1525 m

Am östl. Abfall des Sattels gelegen, über den der Weg von Ehrwald durch das Gaistal nach Leutasch führt (R 325). Außerdem Abzweigung durch das Felderntal über das Feldernjöchel zum Zugspitzgatterl, mit Fortsetzung über Knorrhütte zur Zugspitze. Vom Feldernjöchl auch über den Kothbachsattel zum Kleinen und Hochwanner (R 314, 462, 465). Almwirtschaft. Heulager.

● **286** **Von Leutasch**
3 Std.

● **287** **Von Ehrwald**
3½—4 Std.

● **290** **Ehrwalder Alm,** 1493 m

Die Ehrwalder Alm befindet sich in herrlicher Umgebung auf einer geräumigen Einsattelung zwischen Wetterstein und Miemingern. Sie vermittelt die Übergänge von Ehrwald durchs Gaistal in die Leutasch, sowie über das Zugspitzgatterl zur Knorrhütte und ins Reintal. Sie ist Stützpunkt für Fahrten an der S-Seite der Wetterwand vom Feldernjöchl bis zum Holzereck. Zugang vom S-Steig, der vom Feldernjöchl über die Steinernen Hütteln durch die Almregion des südl. Wettersteinabfalles hinausführt bis zum Puitental.

Die Ehrwalder Alm unter der Wetterwand. Im Winter ist sie Knotenpunkt zahlreicher Skitouren.

Westliche
Plattspitze

Unterkünfte:
a) Ehrwalder Alm, gj. bew.
b) Ghf. Alpenglühen, gj. bew.
c) Internationale Jugendherberge der Tiroler Landesregierung, gj. bew. Unterkünfte.

● 291 Ehrwalder Gondel-Sessellift
Siehe R 142.

● 292 Von Ehrwald
1½—2 Std., bez.

Man verläßt das Oberdorf an seinem südöstl. Ende (Ww. „Ehrwalder Alm"). Ein breiter Ziehweg bringt durch schöne Lärchenwiesen und Wald zum Almgelände.

● 293 Von Oberleutasch
2—2½ Std. Siehe R 325.

● 295 Arnspitzhütte, 1955 m

Privathütte, ungefähr an der Latschengrenze südöstl. unterhalb der Großen Arnspitze. Vorraum unversperrt. Kein Wasser.

Zugänge: Von Unterleutasch, R 328, 548; von Mittenwald, R 328, 548; von Scharnitz, R 547.

IV. Größere Wanderungen, Übergänge und Verbindungswege

● 300 Eibsee — Törlen — Ehrwald
Törlen 2 Std., Ehrwald 1½ Std., zusammen 3½ Std. Umgekehrt gleich, aber bequemer. Bez.

Vom Eibsee am Weg zur Wiener-Neustädter-Hütte (R 151) bis zur Wegteilung (1 Std., Ww.). Man folgt dem rechten Weg, der, erst sanft, dann steiler zu der im Wald ausgehauenen Landesgrenze und weiter durch lichten Wald (Rückblick auf Eibsee und Ammergauer Alpen) zur Höhe der Törlen, 1477 m, führt. Nunmehr über Lichtungen rechts abwärts und, wieder im Wald, auf einem Holzabfuhrweg an der Zugspitzbahn vorbei zum Whs. Törlen (Pontifensteig). Von da (Ww.) entweder auf der Straße zum Bhf. Ehrwald oder zum Unterdorf, bzw. links zum Oberdorf.

● 301 Hammersbach — Unterer Nordsteig — Eibsee
3½ Std., umgekehrt nicht zu empfehlen. Bez.

Von der Kapelle in Hammersbach auf der nach Obergrainau führenden Straße über die Brücke und links auf einem Steig den bewaldeten Rücken hinauf. Ein kurzes Stück steil, sodann wieder mäßig, nahe dem Waldrand westw. Alle Abzweigungen links bleiben unbeachtet. Bald kreuzt man die Forststraße Obergrainau — Höllental und etwas später den Weg Eibsee — Klammeingang. Nach der Kreuzung geradeaus weiter auf schönem Weg, der in langen Schleifen und mäßiger Steigung durch den nach dem großen Windbruch enstandenen Jungwuchs aufwärts führt. ¼ Std. nach der ersten Kehre wendet der Weg scharf rechts. Nach der dritten, etwas steileren Kehre verläuft der Weg zum letzten Male ostw., bis er wieder nach W umbiegt. Bald lenkt er, nun schmal, links in eine Waldmulde ein, macht eine kleine Serpentine und quert die Mulde ansteigend zu ihrem westl. Rand. Der Pfad ersteigt eine Rippe in einer kleinen Serpentine. Er führt von hier ab die Bezeichnung „Unterer Nordsteig". Nun rechts um die Rippe herum, eben über den Schuttgraben unter der großen Sandreiße und jenseits durch Latschen wieder zum Wald, durch den man in wenigen Min. die Waxensteinhütte (Alplehütte, R 155) erreicht. 1½ Std.
Von der Hütte folgt man dem in Windungen westw. ansteigenden Weg. (Der absteigende führt in 5 Min. zur Quelle und auf R 157 wei-

ter nach Obergrainau.) Bald lichtet sich der Wald und der Weg verläuft eben nach W, quert später die Brandlahnrinne und die beiden Rinnen des Alplebaches, führt bald, etwas undeutlicher, durch düsteren Wald aufwärts und über eine Lichtung, wird dann wieder eben und tritt aus dem Wald heraus, ½ Std. Beschränkter Blick auf Eibsee, Bärnheimatkopf und die N-Wände.
Der Weiterweg führt, nun eben, am Latschenhang unterm Bärnheimatkopf vorbei, senkt sich dann in Kehren hinab zur Zuggasse und überschreitet den Bach. (Der kurz vorher rechts abzweigende Weg leitet erst durch Wald, bei einer weiteren Weggabel links, über die Brandwiesen nach Obergrainau. Kürzester Weg dorthin. Verfolgt man den oberen Weg, so gelangt man auf den untersten Teil des N-Steiges [etwa 1 Std.] und auf ihm nach Hammersbach ½ Std.) Jenseits führt ein Ziehweg in allgemein nordwestl. Richtung zum Bahnkörper der BZB. Man überquert jenseits das Zugmösel, geht rechts an der Jagdhütte vorbei und erreicht, nachdem man eine Bahnbrücke überschritten hat, die Station Eibsee, 1½ Std.

● 302 Oberer Nordsteig

¾ Std., nicht bez. Dürftiger, öfter unterbrochener Steig.

Der Steig führt vom Fuß der Manndlwand im allgemeinen eben unter den Wänden entlang zu dem Eckpunkt des von Garmisch aus im Profil sichtbaren, unter den Wänden vorspringenden Grasrückens des Bärnalplgrates. Der Steig biegt an der Manndlwand nach W, und erreicht durch Latschen den östl. Rand der Mittagsreiße, die er eben quert. (Von hier Zugänge zum Kleinen Waxenstein, Mittagsscharte, Zwölferkopf und Großen Waxenstein.)
Er führt nun, bald besser werdend, durch Geröll und Latschen eben zur Brandlahnrinne. Kurz vorher kommt von rechts der Zugang von der Waxensteinhütte (Alplehütte, R 155, 301) herauf. Der Steig quert fallend die Lahnrinne des Alplebaches und führt, im allgemeinen wieder eben, und einige Rinnen überschreitend, zu der Bergwiese des Bärnalpls, wo er sich verliert. 25 Min. von der Mittagsreiße, ½ Std. von der Waxensteinhütte.

● 303 Verbindungswege vom Unteren zum Oberen Nordsteig

● 303 a Vom Weg Hammersbach — Waxensteinhütte — Eibsee (R 301) wendet man sich bei der letzten Serpentine, mit der der Weg die den Mittagsgraben begrenzende Rippe ersteigt und er den Namen Unterer Nordsteig annimmt, scharf östl. Steigspuren nach, die bald undeutlich werden. Hier steigt man ein kurzes Stück gerade (südl.) weglos an, bis man wieder auf den Steig trifft, der in Windungen hart an die Manndlwand hinaufführt, wo die Bezeichnung „Oberer Nordsteig“ beginnt. 20 Min.

● **303 b** Von der Waxensteinhütte folgt man den Windungen des Unteren Nordsteiges in westl. Richtung. (Der absteigende Weg führt in 5 Min. zur Quelle und weiter nach Obergrainau, R 157.) Bald lichtet sich der Wald und der Weg verläuft eben nach W. Etwa 40 m später zweigt links ein anfangs schlechter Jägersteig ab. Er führt an die Brandlahnrinne heran und an dem sie begrenzenden Rücken herauf zum Oberen Nordsteig. 25 Min.

● **305** **Bärnheimatkopf,** 1600 m

Der Bärnheimatkopf ist eine vom Felsmassiv nördl. vorgeschobene, latschenbedeckte Kuppe. Er bietet einen vorzüglichen Überblick auf die N-Anstiege zum Hinteren Waxenstein sowie zur Schöneck- und zur Schönangerspitze.

● **306** **Von der Waxensteinhütte**
1 Std. Streckenweise weglos.

Man verfolgt von der Waxensteinhütte den Unteren Nordsteig bis zu der breiten Latschengasse die von den Wänden des Hinteren Waxenstein herunterzieht. An ihrer westl. Begrenzung (zwischen Wald und Latschenrand) weglos auf den Bärnheimatkopf.

● **307** **Höllental — Riffelscharte — Eibsee**
4 Std. Teilweise gesicherter Weg, erfordert Schwindelfreiheit und etwas Kletterfertigkeit. Für Ungeübte Führer anzuraten. Siehe Abb. S. 113.

Von der Höllentalhütte führt ein guter Weg (Ww.) über das Geröllbett und in mäßiger Steigung in den Talhintergrund. Hier steigt er rechts an zu den Felsen. Bei einem Ww. (nicht übersehen!) zweigt er vom Zugspitzweg rechts ab, führt bald durch eine kleine Klamm (Drahtseile), dann im Zickzack rasch empor und wendet sich links, mäßiger steigend, der begrünten untersten Mulde des Riffelkares zu. Am Rande des Gerölls biegt er erst rechts, quert dann scharf links (hier kommt von rechts der Schafsteig, siehe R 389) das Geröll zur oberen Karmulde und führt schließlich unter dem Riffeltorkopf zur Scharte, 2163 m. 2 Std. Von der nordöstl. vorgelagerten Schulter, oberhalb des nahen Riffeltorkopfes, viel lohnender aber von der

nordöstl. über den Grat in ½ Std. zu erreichenden Südlichen Riffelspitze (R 391) schöne Aussicht.
Von der Scharte westl. an der N-Seite des Riffeltorkopfes herum erst etwas bergan, dann quer über glatte Platten (trotz Drahtseil Vorsicht, nur für Schwindelfreie!) hinunter auf die gewaltige Geröllhalde der Riffelriß. Nun entweder:
a) Auf dem alten Riffelschartenweg, die Riffelreiße hinunter (Vorsicht bei hartem Schnee!), zuletzt zu dem die Reiße rechts begrenzenden Steilrand und auf nun wieder sichtbarem Steiglein, die Zugspitzbahn beim unteren Eingang des Kleinen Tunnels überquerend, durch Hochwald abwärts über die Wiese „Am Wasserbühel" und zum Eibsee. 2 Std. Oder besser:
b) Immer am Fuß der Felsen über Schutt links abwärts auf den oberen begrünten, mit zunehmender Tiefe auch bewaldeten, Kegel, auf dem ein guter Steig zur Station Riffelriß der BZB hinableitet. Von hier mit Bahn oder auf bequemem Steig links abwärts, wo man auf den Weg von der Wiener-Neustädter Hütte zum Eibsee trifft (R 151).
Für den Übergang in umgekehrter Richtung sind die Zeiten wie folgt: Eibsee — Riffelriß etwa 1½ Std., Riffelriß — Riffelscharte 1½—2 Std., Riffelscharte — Höllentalhütte 1½—2 Std. Wegen der nordseitigen Lage vormittags lange schattig.

● 308 Höllental — Grieskarscharte — Kreuzeck

6 Std. Teilweise gesicherter Weg, erfordert Schwindelfreiheit und Ausdauer. Für Ungeübte ist Führer anzuraten.

Von der Höllentalangerhütte auf den Steig, der in das Matheisenkar führt. Der Markierung und den Seilsicherungen folgend zur Grieskarscharte. 3 Std. Von hier entweder zur nahen Alpspitze und auf den Normalweg oder dem Eisenweg zum Osterfeld bzw. zu den Schöngängen, oder durch das im oberen Teil steile, geröllbedeckte Grieskar hinab und auf Steig bis oberhalb des Stuibensees. Von hier entweder aufwärts zu den Schöngängen oder nördl. am Stuibensee vorbei auf den Weg, der von der Alpspitze kommt und zum Weg Stuiben — Kreuzeck führt.

● 309 Ausgebaute Wanderwege im Bereich der Hochalm- und Osterfelderbahnen:

Hochalm — Längenfeldersattel — Hupfleitenjoch bzw. Osterfelderkopf — Längenfeldersattel — Hupfleitenjoch.

Kreuzeck — Hochalm über Längenfelder, Längenfeldersattel — Längenfelderkopf — Längenfelder.
Vom Osterfelderkopf über Längenfeldersattel, Längenfelderkopf zum Kreuzeck.
Vom Osterfelderkopf, Durchstich Aschenköpfe zur Hochalm über Fahrweg.
Vom Osterfelderkopf, Durchstich Aschenköpfe, durchs Bernadeintal zum Stuibenweg (Weg im Bernadeintal wird ausgebaut).
Vom Osterfelderkopf, Durchstich Aschenköpfe zum Fuß der Schönen Gänge.

● 310 Kreuzeck — Hupfleitenjoch — Höllental

2 Std. Sehr beliebter und landschaftlich schöner Übergang. In umgekehrter Richtung anstrengender. Kürzeste Verbindung Kreuzeck — Höllentalhütte.

Vom Kreuzeckhaus südwestw., bis sich der Weg gabelt. Man hält sich rechts (Ww.) anfangs eben auf gutem Weg zur obersten Mulde der Hammersbacher Alm und in wenigen Kehren zum Hupfleitenjoch, 1754 m, 1 Std. Überraschender Blick ins Höllental. (Vom Joch in ¼ Std. auf gutem Steig auf den aussichtsreichen Schwarzenkopf, 1818 m.) Jenseits steil in Serpentinen auf gutem Weg (teilweise Drahtseile) links hinab, mehrere Felsgräben querend zu den Knappenhäusern (R 165), die auf einer gegen das Höllental vorspringenden Rippe liegen. Zwischen den Häusern hindurch nach links zu einer Schlucht, die gequert wird. (Gleich darauf trifft von links der Weg vom Höllentor, R 311, ein.) Der Weg quert noch einen tief in den Felsen gewaschenen Graben, steigt einige Min. an und senkt sich dann in sanftem Gefälle zur Sohle des Höllentales, das man bei der Höllentalangerhütte betritt. Etwa ¾ Std.

● 311 Kreuzeck — Höllentor — Höllental (Rinderweg)

3 Std. Ab Höllentor ausgebauter Steig, erfordert Ausdauer.

Vom Kreuzeck zur Hochalm (R 185). Von hier an dem in der Mitte des Almkessels aufragenden Hirschbichl links vorbei in die Höhe des Sattels zwischen Hirschbichl und Aschengrat. Hier rechts über diesen Sattel und auf Pfad unter den Aschenköpfen entlang zum unteren Ende der Osterfelder. (Hierher auch mit Osterfelder- oder Hochalmbahn.) In der Nähe der Felsen aufwärts zu der vom Höllentor herabziehenden Rinne und an ihrer linken Seite zur Scharte.

1 Std. Das Höllentor, 2090 m, ist das südl. vom Höllentorkopf eingeschnittene Joch, nicht zu verwechseln mit dem rechts (nordöstl.) des Vorgipfels und knapp links unter dem Osterfelderkopf bedeutend tiefer gelegenen Sattel.
Vom Höllentor jenseits auf dem neuen Steig hinab. Man quert eine felsige Rinne nach links und gelangt über eine Grasfläche zu Latschen. Der Steig führt durch Latschen, über Geschröf und einige Gräben querend teils gerade abwärts, überwiegend jedoch nach links strebend nach längerer Zeit auf eine Rippe, die Einblick in den grünen Kessel unterhalb des Mathaisenkars gewährt. Er mündet über die hier zu einem Rücken verbreiterte Rippe auf den Weg Knappenhäuser — Höllental (R 310). Etwa 1½ Std. Von hier in 10 Min. rechts zu den Knappenhäusern, in etwa 25 Min. links zur Höllentalangerhütte.
Für die umgekehrte Richtung: Die Abzweigung vom Weg Knappenhäuser — Höllental befindet sich ungefähr 100 m westl. der ersten Schlucht westl. der Knappenhäuser. Aufstiegszeit zum Höllentor etwa 2½ Std. Landschaftlich großartig.

● 312 Kreuzeck — Reintal (Bockhütte)

3 Std. An einer Stelle Seilsicherungen. In umgekehrter Richtung mühsamer. Bei der Bockhütte Ww.

Vom Kreuzeck südwestw. auf dem Hochalmweg bis zu seiner Teilung. Man benützt den untersten Weg (Bernadeinweg), der, erst etwas absteigend, unter dem abenteuerlichen Felstürmchen der „Hochalmguglia“ vorbeiführt, dann fast eben durch mehrere Gräben die weite Mulde des oberen Bodenlahntales quert, kurz nach einem Gatter in den Wald tritt und wenig später die private Bernadeinhütte erreicht, ¾ Std. Nun dem schönen Weg nach, der fast eben an einer Quelle vorbei südw. weiterführt. Bei einer scharfen Wegbiegung links (Ww.) zweigt der Weg über die Gassenalm zum Reintalbauern ab, und rechts (Ww.) der Weg zu Alpspitze und Hochblassen. Bald darauf quert der Weg das von der Bernadeinwand überragte Gassental, geht weiter bis an die lange Stuibenmauer und führt im Wald ansteigend auf die Mauer. 20 Min. (Hier rechts zur Stuibenhütte, Mauerscharte siehe R 313.) Von der Stuibenmauer fällt der Weg sanft in südöstl. und südl. Richtung in langem Quergang durch Hochwald. Nach einer breiten Schneise führt er, im allgemeinen taleinwärts strebend, in Kehren hinunter. Eine felsige Stufe wird mit Hilfe von Drahtseilen überwunden. der Weg führt dann rasch zur Bockhütte.

Weiterwege:
a) Bockhütte — Reintalangerhütte 2 Std. — Knorrhütte, 2 Std.
b) Bockhütte — Oberreintalhütte 1½ Std.
c) Bockhütte — Schachen 2½ Std. — Meilerhütte 1½ Std.

• 313 Kreuzeck — Mauerscharte — Reintalangerhütte (Schützensteig)

5 Std. Der Übergang ist landschaftlich hochinteressant, aber schwierig. Trotz streckenweiser Bezeichnung ist der Steig bei Nebel leicht zu verfehlen. In umgekehrter Richtung mühsamer. Der Steig wird nicht mehr gepflegt. In beiden Richtungen bequemer und rascher auf R 312. Man spart so mindestens 1 Std. Gehzeit.

Vom Kreuzeck folgt man R 312 auf die Stuibenmauer. Hier rechts (Ww.) aufwärts über die Stuibenmauer entlang der Stuibenalm zu. Über die Almhänge beliebig auf ihren höchsten Punkt. Schon ziemlich hoch oben quert man eine Mulde mit Quelle und wendet sich dem Sattel zwischen Gaifkopf, 1863 m, links, Mauerschartenkopf, 1928 m, geradeaus und dem Stuibenkopf, 1922 m, zu.
Ein weiterer Gipfel der Stuibenwand, die Stuibenspitze, 1912 m, befindet sich noch weiter rechts. Alle vier unbedeutenden Gipfel sind in 10—20 Min. leicht zu erreichen. Am lohnendsten ist der Mauerschartenkopf mit großartigem Blick ins Reintal, auf Wettersteinkamm und Plattspitze.
Von der grünen Mulde hinter vorgenanntem Sattel leitet die spärliche Bez. rechts zur grünen Einsattelung rechts vom Mauerschartenkopf. Von hier kurz nordwestw. hinab und links in die tiefste Einschartung (Mauerscharte). 2 Std.
Der an der Scharte ansetzende Aufschwung des Gaifgrates wird rechts (nördl.) auf breitem Grasband umgangen. Von seinem Ende in einer Rinne hinauf zum Grat, den man bis zu einem ebenen Stück (etwa 150 m über der Mauerscharte) verfolgt. Von hier sieht man, gegen das Reintal blickend, schräg rechts, etwa 150 m tiefer, drei grasige Rippen vorspringen. Den oberen Anschlußpunkt der linken erreicht man, erst im Zickzack absteigend, dann südwestw. querend, zuletzt durch einen kleinen Schrofenkessel. An der W-Seite der Rippe 60 m abwärts, bis man die rechts befindliche Rippe überschreiten und unter den Felsen über grasiges Gelände, im allgemeinen eben, auf die rechte der drei Rippen hinüberqueren kann. Kurz darauf quert man, erst an- dann absteigend (Drahtseil) eine glattgewaschene Rinne. Die Bez. führt am oberen Latschenrand hin (eine

plattige Stelle mit Drahtseil). Wenig später kommt man an einigen auffallenden Höhlen vorbei (sogenannter Schützengufel). 1¼ Std. Kurz danach überschreitet man eine weitere Lawinenrinne, die Gaifrinne, und kommt, dem oberen Latschenrand entlang ansteigend, zum Blassenloch, einer mächtigen Schrofenmulde, die bis zum Blassengrat zwischen Blassenspitze und Hochblassen emporzieht. Das Blassenloch wird ansteigend gequert, wobei man sich dem Fußpunkt seines senkrecht abbrechenden westl. Eckpfeilers sehr nähert. Dann, leicht fallend, durch eine flache Mulde und weiter durch Latschen auf meist gut kenntlichem Pfad bis an eine Rinne, in der man etwa 50 m absteigt, um sie dann zu queren. Nun ein sehr langes Stück im Wechsel schräg absteigend und eben nach W, wobei zwei Gräben überschritten werden. Man kommt an eine tief eingeschnittene, meist mit Lawinenresten gefüllte Schlucht, die überschritten werden muß (Wasser). Jenseits ein wenig aufwärts und wieder fast eben, dann ein Stück gerade gegen das Reintal hinab und wieder gegen W. Sodann gewinnt man, über einen Schuttstrom schräg rechts (südwestw.) absteigend, den östl. Rand des mächtigen Lawinenbettes unter der vom Vollkar kommenden Rinne. Hart an der östl. Begrenzung entlang erreicht man in wenigen Min. den Hüttenweg (R 227), 1½ Std. Auf ihm in 10 Min. rechts zur Reintalangerhütte.
Für eine Begehung in umgekehrter Richtung folgt man dem Hüttenweg talaus, bis er das große Lawinenbett gequert und den jenseitigen Steilrand erstiegen hat. An diesem Steilrand entlang aufwärts (Ww.) beginnt die Bez.

● 314 Knorrhütte — Gatterl — Ehrwald (Leutasch)

Knorrhütte — Ehrwald 4¼ Std.; Knorrhütte — Feldernjöchl — Gaistal — Oberleutasch 5 Std.; Knorrhütte — Steinerne Hütteln — Oberleutasch 5¾ Std. Bester Übergang von N nach S und über den Niedermundesattel nach Telfs im Oberinntal.

Von der Knorrhütte auf dem unter R 232 beschriebenen Weg zum Gatterl, 1 Std. und zum Feldernjöchl, wo sich die Wege teilen (Ww.):

Über den Kothbachsattel führt der von der Knorrhütte kommende Plattensteig zu den Steinernen Hütteln in der Erosionslandschaft des Hohen Kamms.

Gatterlköpfe
Hochwannig-
kopf
Kothbach-
sattel
233/314c
Steinernes
Hüttl
233
315/464

a) Über die Pestkapelle nach Ehrwald. Wie bei R 232 westw. über die Wiesenmulde und jenseits hinan zum höchsten Sattel. Weiter südwestl. abwärts zur Pestkapelle und von da westw. zur Ehrwalder Alm 2 Std. und nach Ehrwald 1¼ Std.
b) Ins Gaistal und nach Oberleutasch. Vom Feldernjöchl in die jenseitige Wiesenmulde südw. hinab und an der rechten Seite des Felderntales auf einem Jagdsteig abwärts, später auf der linken Bachseite ins Gaistal auf den Weg Ehrwald — Leutasch (R 325), den man ¼ Std. ostw. der Feldernalm trifft, ¾ Std. Auf diesem Weg ostw. weiter in ½ Std. zur Tillfußalm und in 2½ Std. nach Oberleutasch.
c) Über die Steinernen Hütteln nach Oberleutasch. Vom Feldernjöchl auf dem begrünten Rücken ostw.; in seiner mergeligen N-Flanke zu der Doppeleinsattelung südl. des Hohen Kammes (Kothbachsattel) und jenseits ostw. auf gutem Steig hinab zu den Steinernen Hütteln. 1¼ Std. vom Gatterl. Von hier führt ein guter Jagdsteig erst auf der rechten, dann auf der linken, zuletzt wieder auf der rechten Bachseite hinab zur Tillfußalm, 1 Std. Weiter wie bei b) nach Oberleutasch, 2½ Std. Siehe Abb. S. 97.

● 315 Der Südsteig

2½ Std. Kein angelegter Weg. Seine Entstehung verdankt er der Begehung durch Mensch und Vieh. Häufig unterbrochen und schlecht bezeichnet, ist er bei unsichtigem Wetter auch nicht leicht zu finden. Siehe Abb. S. 97 und 101.

Der Südsteig führt, meist hoch über der Baumgrenze, auf der S-Seite des Wettersteinkammes von den Steinernen Hütteln unter den Wänden entlang bis zum Scharnitzjoch.
Seine westl. Fortsetzung führt von den Steinernen Hütteln zum Feldernjöchl (R 233), zum Zugspitzgatterl (R 232) oder zur Ehrwalder Alm, seine östl. vom Scharnitzjoch, zum Söllerpaß und zur Meilerhütte oder durch das Puitental in die Leutasch (R 323). Von ihm zweigen Auf- bzw. Abstiege von den Steinernen Hütteln zur Tillfußalm, von der Rotmoosalm zur Gaistalalm und nach Hämmermoos, vom Telfser Schäferhüttl nach Hämmermoos und nach Leutasch und vom Roßberg und Scharnitzjoch zur Wangalm und nach Oberleutasch ab.
Der S-Steig bietet ständig den Ausblick nach S auf die Gipfel der Mieminger Gruppe, die Stubaier und Zillertaler sowie das Karwendel, im N auf die S-Abstürze des Wettersteinkammes, die besonders oberhalb der Rotmoosalm eindrucksvoll sind. Er durchquert die an

seltenen Alpenblumen wahrlich reichste Gegend des Wettersteins. Die von den Wänden nach S ziehenden begrünten Rippen, die die Almgebiete scheiden, schwingen sich vor ihrem Absetzen ins Gaistal alle zu mehr oder weniger ausgeprägten Erhöhungen auf. Sie alle bieten einen herrlichen Blick nach S, besonders zunächst ins Gaistal und auf die Mieminger. Touristisch außer der Gehrenspitze nicht sehr bedeutungsvoll, bieten sie einen vorzüglichen Einblick in die Besteigungsverhältnisse der S-Seite des Wettersteinhauptkammes von der Wetterwand bis zum Öfelekopf.
Der Südsteig führt von den Steinernen Hütteln zunächst zum Mitterjöchel. Er ist von den Steinernen Hütteln aus gut zu übersehen. Er steigt von der Hütte hinab in Kehren zum Steinernen-Hüttel-Graben, in seinem Grund kurz aufwärts, dann rechts heraus durch die Latschen und über die freien Hänge auf den Sattel des Mitterjöchels. ½ Std. Man biegt nun ziemlich eben in die nächste Mulde ein, in deren Hintergrund der Steig wieder deutlich wird. Er leitet ohne wesentliche Höhenunterschiede auf den Rücken nördl. des Predigtstuhles. ½ Std. Von ihm hinunter über die freien Hänge zu der schon von oben sichtbaren Rotmoosalm. 20 Min. Oberhalb der unteren Hütte von Rotmoos ostw. über einige Wasserläufe auf die freien Almhänge und hinauf zu den Latschen, wo der Steig wieder deutlich wird. An ihrem unteren Rand in die Mulde unterhalb des Schönberges. Aus ihr links neben einem Latschenstreifen zu seinem höchsten Punkt. ½ Std.
Vom Schönberg in nordöstl. Richtung sanft abwärts. Bald nachdem man einen Graben gequert hat, erscheinen an der Talflanke wieder die Steigspuren. Sie leiten hinunter auf einen grünen Anger, der östl. vom Blockgewirr eines alten Bergsturzes begleitet wird. Nicht ganz am unteren Ende der Trümmer auf nun wieder deutlichem Steig hinüber in die Mulde unterhalb des nächsten Rückens und über seine freien Hänge hinauf. 20 Min. Vom Rücken, der unterhalb des Südsteiges das ehemalige Telfser Schäferhüttel trägt, zunächst an der oberen Baumgrenze entlang, dann ohne wesentlichen Höhenunterschied in die Mulde unterhalb des Rückens, der vom Roßberg zu den Wänden hinaufzieht. In ihrem Grund über den kleinen Wasserlauf und den Almzaun auf die freien Hänge, über die man nach Belieben zum tiefsten Sattel im Roßbergrücken hinaufsteigt. Etwa ½ Std. Vom Roßbergsattel zwei Möglichkeiten:
a) Jenseits auf ausgeprägtem Steig in die oberste Mulde der Wangalm, wo man den Weg von der Wangalm zum Scharnitzjoch trifft. Auf ihm in etwa 20 Min. hinauf zum Joch. Etwa 1¼ Std. vom Telfser Schäferhüttel. 2 Std. von Rotmoos.

b) Vom Roßbergsattel aber auch längs des Rückens nach N aufwärts, bis man etwas unterhalb des Anschlusses an die Felsen auf deutlichen Steigspuren rechts hinüberqueren kann. Die Spuren führen zunächst ziemlich eben unter den Wänden ostw. Zuletzt steigt man östl. der Östlichen Wangscharte steil hinauf zum Anschlußpunkt des Rückens an die Felsen, der südw. zum Scharnitzjoch verläuft. Längs seines teilweise ziemlich schmalen Firstes hinüber zum Scharnitzjoch. Zugang zu den S-Anstiegen zu Oberreintalscharte, Oberreintalschrofen, Westlicher und Östlicher Wangscharte sowie Scharnitzspitze. Siehe Abb. S. 97 und 101.

● 316 Gipfel südlich des Wettersteinkammes

Die von den Wänden nach S ziehenden begrünten Rippen, die die Almgelände scheiden, schwingen sich vor ihrem Absetzen ins Gaistal alle zu mehr oder weniger ausgeprägten Erhebungen auf. Sie alle haben gemeinsam den herrlichen Blick nach S, besonders ins Gaistal und auf die Mieminger Kette. Touristisch an und für sich außer der Gehrenspitze (R 495) nicht sehr bedeutungsvoll, bieten sie einen vorzüglichen Einblick in die S-Seite des Wetterstein-Hauptkammes von der Wetterwand bis zum Öfelekopf.

● 317 **Hochwannenkopf**, 2233 m

Von der Eintiefung zwischen Kothbachsattel und Feldernjöchl an einer grünen Rippe aufwärts und längs des Grates zum höchsten Punkt. 20 Min.

● 318 **Haberlehnkopf** (Haberlenz), 2363 m

Vom Kothbachsattel auf die S-Seite und unterhalb der Felsen aufwärts, bis man links zum höchsten Punkt hinaufsteigen kann. Etwa ¼ Std.
Abstieg: Vom höchsten Punkt östl. abwärts unterhalb der Felsen auf einen begrünten Sattel. Von ihm durch die Mulde hinunter zu den schon von oben sichtbaren Steinernen Hütteln. 25 Min.

● 319 **Predigtstuhl**, 2232 m

Die höchste (felsige) Erhebung des sonst grasigen Rückens, der vom S-Fuß des Hochwanners gegen das Gaistal zieht.

Einen Abstecher vom Südsteig lohnt die Besteigung des Predigtstuhls, der einen schönen Tiefblick ins Gaistal bietet.

Predigtstuhl
315
315

● 320 Von der Rotmoosalm
2 Std., **I** oder leichter, je nach Route.

Auf bez. Steig in Richtung des begrünten Sattels zwischen dem Predigtstuhl und dem Wettersteinhauptkamm (Hochwanner). Auf halber Höhe ein Felsblock mit roter Aufschrift „Predigtstuhl" und nach links weisendem Pfeil, der den kürzeren, aber etwas schwierigeren (I) Aufstieg bezeichnet. Ungeübte gehen geradeaus (W) weiter bis auf die Höhe des Sattels und wenden sich erst dort nach links (S), am felsigen N-Aufschwung des Predigtstuhls links vorbei durch eine Rinne, immer der Bez. folgend, bis zum höchsten Punkt (Gipfelkreuz).

● 321 Schachen — Meilerhütte — Berglental (oder Söllerpaß) — Leutasch
4½ Std. Bester Übergang vom Schachen in die Leutasch über Berglental. Variante über den Söllerpaß nur für Geübte, unschwierig (**I**). 5 Std. Vom Schachen zur Meilerhütte 1½ Std. wie R 259.

Von der Meilerhütte auf dem Hermann-von-Barth-Weg, an Seilsicherungen durch den Wandfuß der O-Wand des Bayerländerturmes und bald nach Erreichen der Sandreiße links ab und über das Platt zum Söllerpaß queren. — Oder von der Hütte in Kehren die Sandreiße hinab. Bei der Wegteilung führt der linke Weg über das Berglental (R 261) in die Leutasch, während der rechte ebenfalls zum Söllerpaß (R 262) leitet. Nun über das Puitental in die Leutasch. Wendet man sich ungefähr an der Latschengrenze nach rechts, so gelangt man zuerst eben und dann steigend zum Scharnitzjoch. Söllerpaß — Scharnitzjoch 1½ Std.

● 322 Schachen — Kämitor — Elmau (oder Mittenwald)
2 Std.

Dem östl. Teil des Wettersteinhauptkammes ist, beim Schachen beginnend, nördl. eine begrünte und teilweise auch bewaldete Stufe vorgelagert, die hinauszieht bis unterhalb der Oberen Wettersteinspitze. Sie trägt als nördl. vorgeschobene Erhebungen Schachentorkopf, Kämitorkopf, die beiden Kämiköpfe, Zirbelkopf und Gamsanger. Sie alle sind durch Sättel mit dem felsigen Fuß des Hauptkammes verbunden. Eine Wanderung vom Schachen über sie hinweg, immer im Schatten der riesigen N-Wände mit Abstieg nach Elmau oder Mittenwald ist eindrucksvoll und besonders lohnend.
Vom Schachen auf dem Königsweg abwärts. Wo er bei der Scha-

chenalm nach N umbiegt, verläßt man ihn nach rechts und steigt über die Rasenhänge nach Belieben zum Schachentor hinauf, das zwischen Schachentorkopf und Frauenalplkopf eingebettet ist. 40 Min. Jenseits erst etwas abwärts, dann im allgemeinen eben unter den Wänden entlang zum nächsten Sattel (etwa 20 Min.), der die Kämiköpfe mit dem Hauptmassiv verbindet (Kämisattel). Jenseits abermals etwas abwärts und, die Karmulde nach rechts ausgehend, zu den Hängen, die zum Zirbensattel hinaufleiten. ½ Std. Diese Wanderung kann an verschiedenen Stellen durch Abstieg nach N unterbrochen oder beendet werden. Die Abstiege führen alle durch den mit vielen Ziehwegen durchzogenen Wettersteinwald. Sie gelangen jedoch alle in nördl. Richtung früher oder später auf den Bannholzweg, R 252. Auf diesem zum Ferchensee und nach Mittenwald.

Varianten:

a) Oberhalb der Wettersteinalm, indem man aus dem Tal in der Nadel den Steigspuren folgt, die links zur Alm hinunterführen.

b) Vom Kämitor zunächst in das Kar unter der Wettersteinwand, dann links hinunter. Eine felsige Stufe wird auf der Seite der Kämialm (rechts, östl.) umgangen. Dann folgt man dem Talgrund, manchmal etwas rechts von ihm, wobei man ab und zu auf eine alte Markierung stößt. Immer nordw. zum Bannholzweg und auf ihm rechts zum Sträßchen Mittenwald — Elmau. 1½ Std.

c) Vom Sattel südl. der Kämiköpfe auf deren erste Erhebung und nordw. hinunter auf die Einsenkung, die die Almhütte trägt. Hier links (westl.) auf einem alten, spärlich markierten Steig ins Kämital, wo man auf den Weg b) trifft. Auf ihm zum Bannholzweg, R 252. 1½ Std. zum Mittenwalder Sträßchen.

d) Vom Kämisattel in der Mulde rechts (östl.) der Kämiköpfe abwärts, bis sie sich erweitert. Hier rechts heraus und schräg abwärts in die Mulde des Zirbelkars, wo man auf Weg e) trifft (Windgfällkar).

e) Vom Zirbelsattel auf dem Weg des Aufstiegs westw. hinunter ins Zirbelkar und das Kar abwärts, bis das Gelände steiler wird. Kurz vorher links heraus. Hier beginnt, wenig unterhalb der untersten Zirben, ein Steig, der erst in langem Quergang hinüberführt in die Mulde, die vom Kämisattel herabstreicht. Nun in Kehren hinunter auf den Windfallboden, den man an seinem rechten (südöstl.) Eck betritt. An der rechten (östl.) Seite talaus. Wo sich der Wald wieder schließt, trifft man auf einen Ziehweg, der, zum Teil steil hinunterführt zum Bannholzweg, R 252. 1—1¼ Std. zum Zirbelsattel.

Oder: Wo der vorbeschriebene Weg dicht unterhalb des Windfallbodens steiler wird, scharf rechts heraus und an einem Zaun entlang aufwärts, bis man ihn mit Hilfe eines Gatterls durchschreiten kann. Dann in wechselndem Auf und Ab ostw., unterhalb der Hanimoosalm durch (prachtvoller Blick auf den Talhintergrund) und abwärts zum Ferchensee, den man an seiner NO-Ecke erreicht. 1½ Std. vom Zirbelsattel.

● 323 Oberleutasch — Scharnitzjoch — Puitental — Unterleutasch

5—5½ Std. Das Puitental gehört zu den Glanzpunkten des südlichen Wettersteins. Seine Durchwanderung führt an den berühmten Kletterwänden von Schüsselkarspitze, Leutascher Dreitorspitze und Öfelekopf entlang. Eine der lohnendsten Tagesausflüge in der Leutasch.

Von Oberleutasch zur Wangalm (R 267) 1½—2 Std. Von der Alm nordw. auf bez. Pfad in den obersten Weidegrund, wo man auf einen Steig trifft, der rechts (ostw.) zum Einschnitt des Scharnitzjoches hinaufführt. 1 Std. (Etwas oberhalb die Erinnerungshütte, R 265.) Der Steig führt jenseits auf der Seite der Gehrenspitze abwärts. Die Markierung leitet durch den Bachgrund und jenseits durch Latschengassen, einmal über eine kleine Gegensteigung auf den untersten Boden des Puitentales, von wo man in die Leutasch gelangt. Etwa 1½ Std. vom Scharnitzjoch.

● 324 Wangalm — Hemermoos

1—1½ Std. In umgekehrter Richtung ½ Std. länger. Trotz Markierung nicht immer leicht zu finden.

Der Beginn des Steigleins ist schon von der Hütte der Wangalm aus zu übersehen. Man steigt von ihr zum Scharnitzbach hinunter, wo die Markierung beginnt. (Hierher auch von Leutasch, indem man sich einige Min. unterhalb der Hütte beim Almzaundurchlaß links wendet.) Der Steig durchschreitet zunächst den Almzaun und windet sich dann, bald fallend, durch die S-Hänge des Roßberges. Nach etwa 40 Min. führt er aus den Latschen heraus auf einen begrünten Rücken, der links (südl.) zu einem Sattel hinunterleitet. Hier scharf rechts und in ¼ Std. in langem Quergang hinunter ins Sulzbachtal, das dort betreten wird, wo sich drei von oben kommende Täler auf einem Boden vereinigen (R 315). Man überschreitet sodann den Sulzbach und ist in weiteren 20 Min. auf der Almfläche von Hemermoos.

● 325 Ehrwald — Gaistal — Leutasch

6 Std., lange, aber leichte und an Eindrücken reiche Wanderung. In umgekehrter Richtung sind die Zeiten die gleichen.

Von Ehrwald-Oberdorf zu Fuß zur Ehrwalder Alm (R 292), 1½ Std. oder mit dem Gondellift. Man quert den Almgrund südostw. zum Wald, wo der Weg, wieder deutlich, am rechten Bachufer entlang zum langgestreckten Sattel der Pestkapelle, 1620 m, führt. ½ Std. (Hier zweigt links der Weg zur Knorrhütte ab.) Man folgt dem steinigen Weg weiter ostw. zur Feldernalm, 1525 m, und gelangt steil hinab ins Gaistal, wo man den vom Igelsee kommenden Ziehweg trifft. Auf ihm bequem zur Tillfußalm, 1½ Std. Nun auf breitem Fahrweg durch das waldige Gaistal, die von links herabkommenden Täler des Kothbaches, Leithenbaches und Sulzbaches querend, zuletzt durch die Talenge des Oefen ins Leutaschtal, das bei den Gehöften Wackerle betreten wird. Im O tauchen die Berge des Karwendels und vorne der Arnstock auf. Auf der Straße weiter nach Oberleutasch mit Kirche, 2¼ Std. Von Oberleutasch Postauto nach Mittenwald, Seefeld und Telfs.

● 326 Mittenwald — Elmau — Partenkirchen

4½—5 Std., sehr lohnender, bequemer Übergang, leicht. Umgekehrt etwas länger.

Auf R 7 zum Lautersee. Wer nicht den Weg ins Laintal nimmt, braucht nicht zum See selbst, sondern bleibt gleich auf der Fahrstraße, die oberhalb des Sees zum Ferchensee führt. 1—1½ Std. Wie R 7 weiter nach Elmau, 1 Std. Weiterweg auf der Forststraße über Elmau immer im Ferchenbachtal. Herrlicher Blick auf Alpspitze und Hochblassen, später auch auf die Berge des Reintales. Nach 1 Std. Abzweigung über Hintergraseck nach Vordergraseck und hinunter zur Wildenau. 1¾ Std.

● 327 Mittenwald — Franzosensteig — Leutasch

3—3½ Std. vom Tal. Besonders in Verbindung mit dem Aussichtspunkt des Grünkopfes empfehlenswert. Bez.

Von Mittenwald auf R 7 zur Straßenhöhe östl. des Ferchensees. Hier (Ww.) links ab, im Wald aufwärts bis unter die Ferchenseewände und ein langes Stück fast eben westw. Dann wieder bergan, bis sich der Weg teilt; 1½ Std. (Geradeaus zum Gamsanger, R 537.) Der Franzosensteig (Ww.) führt scharf links in Kehren den steilen Wald hinan und biegt oberhalb der Ferchenseewände an deren

Rand entlang neuerdings nach links (ostw.) zur Einsattelung westl. des Grünkopfes. (Dieser wird auf bez. Steig in ¼ Std. erreicht.) Von der Einsattelung in der Grenzschneise hinauf zum höchsten Punkt. Jenseits erst sanfter, dann steil in einem Graben, später diesen nach rechts verlassend (nicht übersehen!) hinab in die Leutasch, die bei der Häusergruppe „Bei der Kirche" betreten wird. 1½ Std.

● **328** **Leutasch — Riedbergscharte,** 1450 m, **— Mittenwald**
2½—3 Std. Umgekehrt ebenso. Leichter, landschaftlich lohnender Übergang über den N-Ausläufer des Arnstockes aus dem Leutaschtal nach Mittenwald.

Der Steig beginnt hinter dem Ghs. „Zur Mühle", in Unterleutasch. Er führt in den Wald und in zahlreichen Kehren hinauf zur Riedbergscharte. 1½ Std. Jenseits scharf links, oberhalb einer Jagdhütte vorbei und in wechselndem Gefälle, teilweise markiert, hinunter zum Ghs. Gletscherschliff. Man gelangt rasch auf den Talboden, über die Isar und jenseits links auf der Hauptstraße nach Mittenwald.
Von Mittenwald ausgehend benützt man zunächst den Weg zur Leutaschklamm und biegt von ihm links ab unterhalb der Gaststätte „Zum Gletscherschliff" hindurch.

● **329** **Leutasch — Hoher Sattel,** 1495 m **— Scharnitz**
2½—2¾ Std.

In Leutasch-Arn über die Brücke auf das östl. Ufer der Leutascher Ache. Von hier ab bez. Nach einigen Min. kommt von rechts der Weg von Weidach. Immer in Nähe des vom Hohen Sattel herunterkommenden Rinnsals, das streckenweise oft ausgetrocknet ist, hauptsächlich durch Wald auf den Hohen Sattel zwischen Arnspitzen links und Zunderegg rechts (1—1¼ Std.)
Vom Sattel auf die rote Markierung achtend in gleicher Richtung weiter und in Kehren an der Seite die nur zeitweise wasserführende Sattelklamm hinunter. Wo sich an ihrer Mündung der Schuttkegel weitet, gerade hinunter zu dem schon von weitem sichtbaren Gießenbach oder links und im Talgrund auf bescheidenem Weg am Fuß der Arnspitzen entlang nach Scharnitz. 1½ Std. vom Sattel nach Scharnitz (nach Gießenbach ¼ Std. kürzer).

● **331** **Coburger Hütte — Grünsteinscharte,** 2263 m **— Obsteig**
3½ Std.

Von der Coburger Hütte, R 90, zum Drachensee hinab und von der

O-Seite des Sees in Kehren bergan bis zu den Schuttreißen am Fuße der N-Wand der Westlichen Grießspitze. Quer durch die Schutthänge führt der Steig nach rechts unter die Grünsteinscharte und in kurzen Serpentinen auf die Scharte selbst.
Von der Grünsteinscharte durch ein breites Schuttal zwischen Westlicher Grießspitze und Grünstein in die „Hölle" hinab, von wo nach W das Hölltörl und nach O das Stöttltörl erreicht wird. Auf gutem Steig durch Latschen weiter talaus, bis bei der Quellfassung der Obsteiger Wasserleitung ein breiter Weg nach links zum Lehnberghaus führt. Von hier auf breitem Fahrweg nach Arzkasten und Obsteig.

● **335** **Marienbergjoch,** 1788 m

Breiter Sattel zwischen Westlicher Marienbergspitze und Handschuhspitze. Raschester Übergang von Obsteig nach Biberwier. Im Winter von Biberwier aus mittels Schlepplift erschlossen, bietet es im Winter den idealen Ausgangspunkt für die beliebte Grünsteinumrahmung. Herrliche Sicht auf Wetterstein, Lechtaler Alpen und Zentralalpen.

● **336** **Von Obsteig**
2¾ Std.

Von Obsteig, R 129d, entweder über Lärchenwiesen oder auf dem Fahrweg bis Arzkasten, ¾ Std. Nun in westl. Richtung zum Weiler Weisland und nach rechts auf asphaltiertem Fahrweg Richtung Aschland. Bald nach der Überschreitung des Marienbergbaches zweigt rechts ein Forstweg ab, der in einer großen Kehre die steilen Hänge westl. des Baches überwindet und dann in sanfter Steigung zur Marienbergalm führt. Hierher gelangt man auch auf einem Alpsteig, wenn man von Arzkasten geradeaus weitergeht und die Abzweigung zum Lehnberghaus rechts liegen läßt. Der anfangs breite und flache Weg wird bald schmal und steil und leitet immer auf der orografisch linken Talseite zur Marienbergalm hinein. Von der Almhütte (1623 m) über mäßig steile Almwiesen in ½ Std. zum Marienbergjoch; 2 Std. von Arzkasten.

● **337** **Abstieg nach Biberwier**
1—1½ Std.

Vom Marienbergjoch in nordwestl. Richtung auf einen Rücken hinab. Ein kurzes Stück unterhalb der Ruine des 1945 zerstörten Naturfreundehauses nach rechts durch den Wald auf die Fernpaßstraße hinunter, die man einige Min. vor Biberwier betritt. 1 bis 1½ Std. vom Joch, etwa 4 Std. von Obsteig.

● 338 Von Norden vom Fernpaß
1¾ Std.

Entweder wie R 337, aber in umgekehrter Richtung. Oder vom Parkplatz beim Weißen See (bei der Ausfahrt nach Biberwier von der Fernpaß-Bundesstraße) 300 m Richtung Biberwier und nach rechts auf Wirtschaftsweg (Ww.) in anfänglich gemütlichen Serpentinen und später steiler zum Joch.
Man kann auch, nachdem man beim Abzweigen von der Straße das Gatter durchschritten hat, nach 300 m in südl. Richtung durch ein meist trockenes Bachbett nach rechts über einen kurzen steilen Grashang zu hier beginnendem, schmalen Weg gelangen, der über einen langen Rücken (beidseitig schöne Flora) zur Abzweigung des Weges in das Bergletal (rechts) führt. Hier behält man den links abzweigenden Weg bei, der durch lichten Wald und über Wiesen (die Ruine des abgebrannten Naturfreundehauses bleibt links liegen) zum weithin sichtbaren Marienbergjoch (Viehgatter und Masten) führt.

● 339 Verbindungssteig

Direkt bei der Ruine des Naturfreundehauses zweigt nordostw. ein Steig ab, der bis zum Schachtkopf nahezu waagrecht, dann fallend auf die Schutthalden unterhalb der Biberwierer Scharte hinüberleitet. Für die Jochrundtour Marienbergjoch — Biberwierer Scharte — Grünsteinscharte von großer Bedeutung, da man auf ihm mit nur geringem Höhenverlust vom Marienbergjoch auf den Steig von Biberwier zur Biberwierer Scharte hinüberqueren kann.

● 345 Biberwierer Scharte, 1999 m

Zwischen Sonnenspitze und Schartenkopf.

● 346 Von Biberwier
2½ Std.

Von Biberwier, R 87, an der kleinen Kirche St. Rochus rechts vorbei über Wiesen zum Waldrand empor. Auf gut bez. Steig durch den Wald ansteigend zu den Schutthalden und Latschenfeldern. In vielen Kehren hinauf zur Biberwierer Scharte (der Verbindungssteig, R 339, zum Marienbergjoch zweigt an der oberen Waldgrenze knapp unter dem auffallenden Felspfeiler ab, mit dem der NW-Grat des Wamperten Schrofen im Schutt aufsetzt).

● 347 Von der Coburger Hütte
½ Std.

Von der Coburger Hütte, R 90, erreicht man in westl. Richtung die Biberwierer Scharte auf gutem Steig.

● 348 Hinteres Tajatörl, 2257 m

Von der Coburger Hütte, R 90, auf dem Weg zur Grünsteinscharte, bis dieser über die Schutthänge nach rechts zur Scharte hinüberzieht. Man verläßt den Weg nach links und steigt auf einem begrünten Rücken, dann über Schutt zum Hinteren Tajatörl auf, 1 bis 1¼ Std. von der Hütte. Jenseits über gut markierten Weg in das Brendlkar und zum Verbindungsweg Seebenalm — Ehrwalder Alm hinab. Von hier in ½ Std. zur Ehrwalder Alm, vom Törl 1½ Std. Im Abstieg dient der Brendlsee als Richtpunkt, da von diesem ab der Steig nicht mehr zu verlieren ist.

V. Gipfel und Gipfelwege

1. Zugspitze und Plattumrahmung

● **350** **Zugspitze**

Westgipfel, 2963 m; Ostgipfel, 2961 m

Die Zugspitze hat als die höchste und bedeutendste Erhebung des Wettersteingebirges von jeher eine gewaltige Anziehungskraft ausgeübt, die durch ihre Bedeutung als höchster Berg Deutschlands noch verstärkt wird. Sie ist der touristisch am frühesten erstiegene Gipfel (1820) des Wettersteins und in neuerer Zeit jährlich das Ziel von Tausenden.

Durch das Reintal ist der Gipfel bei gutem Wetter ohne besondere Schwierigkeiten zu erreichen. Die Anstiege durch das Höllental (R 353) und von der Wiener-Neustädter Hütte (R 354) jedoch erfordern Trittsicherheit und Schwindelfreiheit. Ungeübten ist ein Führer anzuraten.

Die Aussicht (namentlich vom O-Gipfel) ist eine der großartigsten in den Nördlichen Kalkalpen. Sie reicht von den Höhen der Donauberge bis zu Ortler und Bernina, und vom Salzkammergut bis zum Tödi in der Ostschweiz, im SO zu den Dolomiten. Vom O-Gipfel sieht man das romantische Höllental mit dem Ferner, die Alpspitze und den Blassenkamm; hinter diesem das Karwendel. Im S liegen die Ketten des Wettersteinkammes von der Plattumrandung bis zur Dreitorspitzgruppe mit Meilerhütte und dahinter die Mieminger Berge. Nach W zu überblickt man das Zackenmeer der Allgäuer und Lechtaler Alpen. Am schönsten ist der Blick auf die firngekrönten Zentralalpen.

● **351** **Vom Schneefernerhaus** (R 235)

1—1½ Std. Seilsicherungen.

In Kehren über die steile Sandreiße hinauf zu den Felsen, wo die gesicherte Steiganlage beginnt. Über glatte Platten mit Hilfe von Drahtseilen abermals in Kehren zum Grat. (Wenn auf der Sandreiße noch Schnee liegt, Vorsicht vor Lawinen; im Abstieg Vorsicht

Über die Höllentalspitzen führt der Jubiläumsgrat auf die Zugspitze. Hinter dem Grat ist der vergletscherte Schneefernerkopf sichtbar.

beim Abfahren!) Der Grat wird rechts (östl.) von der Bergstation der Tiroler Zugspitzbahn erreicht. Auf und neben ihm zum Münchner Haus am W-Gipfel.

● 352 Übergang zum Ostgipfel
5 Min., Steiganlage.

Der Übergang ist gut gesichert. Man hält sich vom Münchner Haus aus an der Bergstation der BZB vorbei abwärts in die tiefe Einschartung zwischen beiden Gipfeln und klettert jenseits über Klammern und Stifte zum Grat und Gipfel.

● 353 Vom Höllental
5—6 Std. von der Höllentalangerhütte. **I.** Für Geübte, Gelegenheitsbergsteigern nur mit Führer anzuraten, da bei Wetterumschlag gefährlich. Nicht durchgehend gesicherter, langer Klettersteig. Im Spätsommer auf dem Höllentalferner Steigeisen empfehlenswert. Siehe Abb. S. 113 und 151.

Von der Höllentalangerhütte, R 160, auf dem Riffelschartenweg (R 307) bis zur Wegteilung bei Beginn der Felsen. Man hält sich links (Ww. und Abzweigung nicht übersehen!). In steilen Windungen zu einer etwa 20 m hohen Platte, die an Eisentritten überwunden wird („Leiter"). Oberhalb wendet sich der Steig bald links zu einer etwa 25 m breiten glatten Platte („Brett"), die mittels Eisenstiften und Drahtseilen gequert wird. Jenseits durch einen kaminartigen Einschnitt zu einem kleinen Kessel unterhalb des Höllentalkares. Von hier bis zum „Grünen Buckel" am unteren Ende der Moräne. An der nördl. Seite des Gletscherabflusses ist das überall gangbare Gelände von mehreren Steigspuren durchzogen. Man folgt am besten der Bez., die an der linken Begrenzung des Kessels und am linken Bachufer entlang zum „Grünen Buckel" führt. 2 Std.
Vom „Grünen Buckel" folgt man dem Steig (nicht bez.), der auf dem scharfen Kamm der nördl. Seitenmoräne des Ferners hinaufführt. Den Ferner selbst betritt man ein gutes Stück oberhalb seiner Zunge von rechts, nahe der S-Wand der Großen Riffelwandspitze. Man quert ihn etwas gegen seine Mitte haltend, aufwärts und gelangt so am Rand des kleinen Gletscherbruches vorbei, den der Ferner an seiner Biegung unter der tiefsten Einschartung zwischen Großer

Der Höllental-Aufstieg auf die Zugspitze. Trotz Seilsicherung ist dies ein ernstes alpines Unternehmen.

Zugspitze
Irmerscharte
Große
Riffelwand
Riffelkopf
353
Riffelscharte
307
Brett
Leiter
353
Höllental

Riffelwandspitze und Zugspitze macht. Da weiter links auch Querspalten sind, bei Neuschnee Vorsicht! Die Neigung des Ferners nimmt hier zu. Ein Stück oberhalb der Spalten wendet man sich bei einem vom Grat herunterkommenden Felssporn rechts zu den Felsen. Wo der Schnee sich im Winkel vor dem Felssporn höher in die Wand hinaufspitzt, liegt der Einstieg, 1¼ Std., etwa 100 m von den Spalten entfernt.
Man überschreitet die Randkluft an geeigneter Stelle und gelangt auf eine rampenartige Geröllterrasse. An ihrem rechten oberen Ende beginnen wieder Drahtseile, die von hier bis zum Gipfel fast ununterbrochen durchlaufen. Die Sicherung führt zunächst zu einer senkrechten Wandstelle, die luftig mittels Eisenstiften nach links gequert wird. Dann links um den erwähnten Felssporn herum, ein Stück auf seinem Rücken hoch (Klammern), dann in die tiefe Rinne hinter ihm, die schon hoch über dem Ferner nach links gequert wird. Nun folgt ein sehr langer, stets ansteigender Quergang nach links, der erst auf dem Hauptgrat in der tief eingeschnittenen Irmerscharte, 2660 m, endet. 1½ Std. Gewaltiger Tiefblick ins Bayerische Schneekar. In der Scharte trifft man auf das Blitzableiterkabel.
Aus der Scharte scharf links in der weniger steilen O-Flanke des O-Gipfels (mit manchmal unangenehm weichem Schnee, Vorsicht im Abstieg!) links der in die Scharte mündenden und oft mit Eis gefüllten Rinne empor, bis man sie in ihrem oberen Teil betritt. (Von hier ab ja keine Steine ablassen, da sie Nachfolgende schwerstens gefährden!) Nun in der Rinne und auf ihrer bandartigen Fortsetzung auf Geröll aufwärts, bis man unter dem O-Gipfel durch, zuletzt durch eine scharfe Rechtswendung den O-Grat und über ihn den kreuzgeschmückten Gipfel erreicht. ¾ Std., 2—2½ Std. vom Ferner.

Hinweis für den Abstieg: Zwischen dem Ferner und dem Brett sind nirgends Drahtseilsicherungen. Das Drahtseil, das man am Boden liegend findet, ist das vom Münchner Haus kommende Blitzkabel. Man vermeide seine Berührung und folge ihm nicht, da es über die ungangbaren Wände hinabhängt!
Im Abstieg wird der Weg vom Grünen Buckel zum Brett häufig verfehlt, was nicht möglich ist, wenn man genau auf die Bez. achtet.

Die Stufenreihe der in den Fels gebohrten Eisenklammern im Zugspitz-Aufstieg wird seit jeher als „Leiter“ bezeichnet.

Hat man diese dennoch verloren, so halte man sich vom Grünen Buckel immer schräg links am linken Rand der Latschen abwärts in den kleinen Kessel, an dessen unterem Rand, nahe den Wänden, die Steiganlage zum Brett mit den Drahtseilen beginnt. Man lasse sich unter keinen Umständen verleiten, dem Blitzableiterkabel zu folgen!

● 354 **Von der Wiener-Neustädter Hütte**
2—2½ Std. Kürzester Anstieg. Für Geübte bei normalen Verhältnissen ohne Schwierigkeit. Für Ungeübte Führer nötig. Man vermeide Steine loszutreten, die Nachfolgende gefährden. Im Frühjahr oft noch lange Schnee und Eis. Vorsicht besonders im Abstieg. Nicht abfahren!

Der Steig quert, von der Hütte leicht ansteigend, das kleine Schneefeld des Österreichischen Schneekars und leitet über Geröll südostw. empor zum Beginn einer schrägen, kaminartigen Rinne, dem „Stopselzieher", die mit Hilfe von Klammern und Drahtseilen überwunden wird. Vom Ende der anschließenden Rinne noch ein Stück gerade empor, bis die Versicherungen nach rechts über eine oft wasserführende, flache Rinne in die Wand leiten. Man quert sie ansteigend bis die Steigspuren hinter einer flachen Rippe wieder gerade aufwärts führen (Drahtseil). Nun in gleicher Richtung weiter, bis bei der Bergstation der Tiroler Zugspitzbahn der Grat erreicht wird. Etwa 2 Std. Weiter über den Grat zum Gipfel wie bei R 351.

● 355 **Zugspitzeck,** 2816 m

Der Endpunkt des Zugspitzwestgrates. Touristisch unbedeutend, jedoch Ziel einiger schwieriger Kletterwege.

● 356 **Von der Schneefernerscharte**
1 Std., **II**, brüchig.

Von der Scharte, R 358, auf den brüchigen Kamm, ½ Std. Auf diesem zum höchsten Punkt. ½ Std.

● 357 **Schneefernerkopf,** 2874 m

Die schön geformte Kuppe ist ohne besondere Schwierigkeiten zu erreichen. Die Aussicht kommt der der Zugspitze nahe.

● 358 **Vom Schneefernerhaus**
1 Std., **I**. Sehr lohnend.

Über den Schneeferner an den Fuß des Gipfelaufbaues links der tief eingeschnittenen Schneefernerscharte. In Kehren den Hang hinauf, der im Spätsommer in seinem oberen Teil manchmal Spalten zeigt. Nachdem das Geröll erreicht ist, schräg rechts aufwärts, zuletzt zwischen Felsen hindurch, auf die Schulter des Schneefernerkopfes (Liftstation). Längs des Grates zum Gipfel.

● 360 **Wetterspitzen,** 2700—2747 m

Nur wenig aus dem Kammverlauf aufragende brüchige Felszacken. In der Mittleren Wetterspitze biegt der vom Schneefernerkopf südw. streichende Kamm nach OSO um. Alle drei Wetterspitzen bieten schöne Tiefblicke. Vom Schneeferner sind sie in mehr oder weniger schwieriger Kletterei zu erreichen.

● 361 **Nördliche Wetterspitze,** 2750 m, **vom Schneefernerhaus**
1½ Std., **II.**

Vom Schneefernerhaus über den Ferner an den Fuß des Schneefernerkopfes. Hart unter seiner SO-Flanke hindurch und über Schnee zum Verbindungsgrat von Schneefernerkopf und Wetterspitze. Von der Scharte zwischen beiden über den scharfen Grat und einen kleinen Felsturm östl. umgehend, über Platten zum Gipfel. Etwa 1½ Std. vom Schneefernerhaus.

● 363 **Mittlere Wetterspitze,** 2750 m, **über die Ostflanke**
1½—2 Std., **II.**

Vom Schneefernerhaus unterhalb des Schneefernerkopfes und der Nördlichen Wetterspitze vorbei, bis man die etwas nördl. des Gipfels herabziehende glatte, gelbe Plattenlage erreichen kann. Hart links davon klettert man zum Grat, den man wenige Schritte nördl. des Gipfels betritt.

● 365 **Östliche Wetterspitzen,** etwa 2700—2720 m
2 Std. vom Schneefernerhaus, **I.**

Die schön geformten, von der Mittleren Wetterspitze durch eine tiefe Einschartung geschiedenen Felszacken sind vom Schneeferner unschwer zu erreichen, aber touristisch unbedeutend.

● 367 **Wetterwandeck,** 2698 m

Nur wenig aus dem Firn des Zugspitzplatts hervortretende Felskuppe.

● 368 Vom Schneefernerhaus
1—1¼ Std., **I.**

Vom Schneefernerhaus unterhalb Schneefernerkopf und Wetterspitzen die Rundung des Platts ausgehend zum NW-Fuß des Wetterwandecks und vom Firn auf den Fels übertretend rasch zum Gipfel.

● 369 Von der Knorrhütte
3½ Std., **I.**

Südwestw. über die Mulden und Buckel des Zugspitzplatts zum Fuß des vom Gipfel nach NO streichenden Geröll- und Felsrückens. Über ihn, höher oben stellenweise über Schnee, ohne Schwierigkeiten zum höchsten Punkt.

● 370 Übergang von der Plattspitze
2 Std., **I.**

Beim Gratübergang von der Plattspitze quert man besser von ihrem W-Grat die Flanke unter der Wetterscharte durch zu dem geröllbedeckten, zahmen NO-Grat und steigt über ihn zum Gipfel. Leichter und nicht länger als der unmittelbare Gratübergang.

● 372 Plattspitze
Ostgipfel, 2679 m; Westgipfel, 2675 m

Die kühnste und schönste Berggestalt in der Plattumrahmung, die nach O und NO eine imposante, schon von der Bockhütte aus auffallende Plattenflucht zeigt. Vom Platt und über die S-Hänge ohne wesentliche Schwierigkeiten, jedoch brüchig, zu erreichen.

● 373 Westgipfel vom Platt
3½ Std., **I.**

Auf dem Gatterlweg (R 314), bis er die Sohle des Brunntales gequert hat. Hier steigt man steil südwestw. über das Platt gegen den O-Gipfel an und erreicht unter seinem N-Absturz entlang die Mulde am Fuß des W-Gipfels der Plattspitze. 2 Std. Von der ersten Einschartung im W-Grat westl. des Gipfelaufschwungs, links (ostw.) einer höckerigen Graterhebung, zieht eine schneegefüllte Rinne herunter. (Die Wetterscharte bleibt nun ziemlich weit rechts liegen.) Man steigt durch die Rinne fast bis zum Grat, quert dicht unter ihm in eine weiter östl. gelegene und erreicht durch sie den Grat. 1 Std. Nun über das auf der S-Seite zum Gipfel ziehende Geröllfeld, zuletzt über Schrofen zum W-Gipfel. ½ Std.

● 374 Ostgipfel von der Ehrwalder Alm
5—6 Std., **II.**

Von der Ehrwalder Alm zum Issentalköpfel und die Grashänge ostw. querend, bis man die Felsen in der Fallinie der Scharte zwischen Westlichem Gatterlkopf und Plattspitze erreicht. E an der westl. Begrenzung einer Geröllrinne. — Aus der S-Wand des O-Gipfels löst sich ein wenig ausgeprägter Grat ab, der in seinem mittleren Teil, gut 100 m unter der oben erwähnten Scharte, ein Stück fast eben verläuft. Dieses wird über brüchigen Fels schräg links ansteigend erreicht. Einige Meter am Grat, dann wenig links in die Wand hinaus und durch einen Riß (II) zu dem westl. des Gipfels eingelagerten Geröllabsatz. Links von einem auffallenden Zacken im W-Grat zieht ein breiter Kamin herab, in den man über ein steiles Band von links her gelangt. Wenig unter dem Grat rechts heraus, um den Turm auf der S-Seite herum und steil zum Grat und Gipfel.

● 375 Gatterlköpfe
Östlicher (Vorderer), 2475 m; Mittlerer, 2480 m;
Westlicher (Hinterer), 2490 m

Schroffe Felsköpfe von untergeordneter Bedeutung, die das östl. Ende der Plattumrahmung bilden.

● 376 Östlicher Gatterlkopf von der Knorrhütte
2 Std., **I.**

Von der Knorrhütte auf dem Gatterlweg (R 314) bis kurz vor das Gatterl. Hier rechts über Geröll zum Grat, der links (östl.) von einem Turm mit dünnem Riß überwunden wird. In der S-Seite ziemlich tief auf grasigen Bändern nach W, bis die vom Feldernjöchel heraufziehenden Grashänge einen leichten Anstieg zum Gipfel vermitteln. 1 Std. vom Gatterl. Vom Feldernjöchl kann der Östliche Gatterlkopf leicht über die Grashänge erreicht werden.

2. Waxensteinkamm

● 380 Der Waxensteinkamm ist der vom O-Gipfel der Zugspitze erst fast nordw., dann nordostw. ziehende, seiner Höhe nach wenig hervorragende Kamm, der das Höllental nördl. begrenzt. Die höchste, zugleich der Zugspitze nächste Erhebung, ist die Große Riffelwandspitze, die mit ihrem östl. Nachbarn, der Kleinen Riffelwandspitze, kurz Riffelwand genannt wird. In der Kleinen Riffelwandspitze verzweigt sich der Kamm. Ein kurzer ostw. streichender Ast,

in den das Riffeltor eingeschnitten ist, trägt die markanten Riffelköpfe, während der Hauptgrat, wenig ausgeprägt, zum Riffeltorkopf (auch „Hohe Riffel") nordnordostw. absinkt. Östl. dieser unbedeutenden Erhebung liegt die Riffelscharte, der beliebteste Übergang aus dem Höllental zum Eibsee. Von der Riffelscharte aus streicht der Kamm einheitlich nach NO. In diesem Teil trägt er mehrere schöne Felsgipfel, die mit ihren gewaltigen N-Abstürzen besonders von Eibsee, Badersee und Grainau einen großartigen Anblick bieten. Im NO endet der Kamm mit dem kühn aufragenden Felsobelisk des Kleinen Waxensteins, der zusammen mit dem Zwölferkopf und dem Großen Waxenstein ein bekanntes malerisches Wahrzeichen von Garmisch bildet.
Als Zugänge zu allen S-Anstiegen im Waxensteinkamm dienen östl. der Riffelscharte der sogenannte Obere Schafsteig (R 389), zu allen N-Anstiegen der Untere und der Obere Nordsteig (R 301 und R 302).

● 381 Riffelwand

Kleine Riffelwandspitze, 2536 m;
Große Riffelwandspitze, 2624 m

Die Riffelwandspitzen erscheinen neben ihrem gewaltigen Nachbarn, der Zugspitze, unbedeutend. Die Kleine Riffelwandspitze tritt kaum aus dem Kammverlauf hervor und ist leicht von der Riffelscharte aus zu erreichen. Die Große Riffelwandspitze aber ist kühn geformt, hat ein nadelähnliches Aussehen und ist von allen Seiten schwer zugänglich. Aussicht nicht bedeutend.

● 382 Kleine Riffelwandspitze von der Riffelscharte

1½—2 Std., **I.**

Von der Riffelscharte (R 307) zur begrünten Kuppe des Riffeltorkopfes und jenseits in eine Scharte, die auch vom Riffelweg unmittelbar erreicht werden kann. Über den hier ansetzenden kurzen und breiten Grat auf Steigspuren zu den Felsen. Nun links über das Geröll aufwärts. Kurz bevor der Geröllhang nahe dem Grat Riffelköpfe — Riffelwand in eine zu diesem emporziehende Schuttrinne übergeht, steigt man rechts über Schrofen auf ein breites Geröllfeld östl. unterhalb des Gipfels. Man quert es rechts gegen eine brüchige Rinne, durch die man einen nach N streichenden Grat und über ihn und das Geröll der N-Seite den Gipfel erreicht.

Blick vom Kramer über das Loisachtal auf den Waxensteinkamm.
○ = Knappenhäuser.

Kl. Waxenstein
Zwölferkopf
Gr. Waxenstei
Hinterer Waxe
Riffelkopf
Hupfleitenjoch
Höllental
Hammersbach
Grainau

● 385 Riffelköpfe

Die Riffelköpfe krönen den von der Riffelwand nordw. ziehenden Grat, der mit gewaltiger, glatter Wand zum „Brett“ und weiter zur Sohle des Höllentals abbricht. Touristisch unbedeutend, sind sie sehr schwierig zu ersteigen. In dem von der Kleinen Riffelwandspitze zu den Riffelköpfen ziehenden Grat liegt zwischen Östlichem und Mittlerem Riffelkopf das Riffeltor. Es bildet für von der Riffelscharte Kommende den kürzesten Zugang zum Höllentalferner.

● 386 Riffeltor vom Höllentalkar und zur Riffelscharte

I. In dieser Richtung beschrieben, weil umgekehrt leichter zu finden. 2 Std. Auch in umgekehrter Richtung 2 Std.

Vom Zugspitzweg (R 353) geht bald oberhalb des Grünen Buckels eine schlechte Steigspur ab und wendet sich scharf rechts gegen die senkrechte SO-Wand des Östlichen Riffelkopfes. Über steiles Geröll an die Felsen und erst auf Bändern hart an der Wand, dann den spärlichen Steigspuren nach, durch die Schrofenhänge empor zu der mit einem Steinmann bezeichneten Einschartung des Riffeltores. Etwa 1 Std. E. Jenseits auf besser kenntlichem Steig an der NW-Seite gegen das Riffelkar hinunter und die plattigen Steilwände hoch oben nach links in Richtung auf die Kleine Riffelwandspitze querend auf dem Riffelweg (R 307), den man etwas unterhalb des Riffeltorkopfes erreicht.

● 387 Riffeltorkopf, 2230 m

Auch „Hohe Riffel“ genannt. Grüne Kuppe zwischen Kleiner Riffelwandspitze und Südlicher Riffelspitze. Ihr Besuch lohnt nur in Verbindung mit dem Übergang über die Riffelscharte, von der aus sie in ¼ Std. ohne Schwierigkeit erreicht wird.

● 388 Zugänge zu den Anstiegen im östlichen Teil des Waxensteinkammes

Übersicht: Die S-Seite des Waxensteinkammes gliedert sich zwischen Riffelschartenweg und Mittagsscharte der Höhe nach in drei fast überall gleich deutliche Zonen: Die unterste fußt mit größtenteils ungangbaren Wänden auf der Sohle des Höllentals, die mittlere ist weniger steil und begrast, die oberste trägt die felsigen Gipfelbauten.

Die Zugänge zu den Gipfeln bewegen sich fast ausnahmslos in der mittleren Zone. Eine ausgesprochene Steiganlage fehlt. Das Rückgrat des „Verkehrs“ bildet, häufig unterbrochen und lückenhaft

bez., der „Obere Schafsteig". Zahlreiche Gems- und Viehwechsel geben leicht zu Verwechslungen Anlaß. Die Gleichförmigkeit des Geländes und das Fehlen charakteristischer Anhaltspunkte erschweren das Zurechtfinden. Es ist schon bei gutem Wetter nicht ganz einfach und erfordert bei schlechter Sicht größte Aufmerksamkeit. Als zweiter, jedoch unbrauchbarer Steig zieht einige hundert Meter tiefer der „Untere Schafsteig" durch die Hänge. Er verliert sich bald in den Abbrüchen.
Ähnlich den Schafsteigen der S-Seite durchziehen den waldigen N-Sockel der Waxensteine die beiden N-Steige. Sie vermitteln die Zugänge zu den N-Anstiegen auf die Gipfel des Waxensteinkammes vom Kleinen Waxenstein bis zur Schönangerspitze. Die weiter westl. gelegenen Anstiege erreicht man am besten von der Station Riffelriß der BZB aus.

● 389 Auf dem Oberen Schafsteig vom Riffelschartenweg zur Mittagsscharte

2½ Std. Trittsicherheit erforderlich. Stellenweise bez. Bei Nässe nicht ratsam.

Wo der Riffelweg (R 307), 1¼ Std. von der Höllentalhütte, im unteren Riffelkar das Geröll in einer scharfen Linkswendung quert, zweigt rechts (ostw.) der Obere Schafsteig ab. Er leitet über schrofendurchsetzten Rasen und über Geröll aufwärts zu einer von der Nördlichen Riffelspitze herunterziehenden Gratrippe (SO-Grat, R 392) und führt jenseits steil hinunter in die grüne Mulde des Schönangers (½ Std.), die von dem zwischen Nördlicher Riffelspitze und Schönangerspitze eingebetteten Schönangersattel herabzieht. Der Steig quert den Schönanger nordostw. ansteigend und führt, mehrere Rippen und Rinnen auf und ab kreuzend, unter den S-Wänden der Schönangerspitze und Schöneckspitze durch den *Schönecksattel,* einer deutlichen Einsenkung in der von der Schöneckspitze nach S abstreichenden grünen Gratrippe. Die jenseitige Mulde (Schöneckmulde) querend, führt der Steig nahe unter den S-Abstürzen des Hinteren Waxensteins, mehrere Rippen und Rinnen überschreitend, dicht unter einem abenteuerlichen Felsturm vorbei (hinter ihm eine Höhle, Unterschlupf) zu einer kleinen Scharte in der westl. Begrenzung der großen Waxensteinrinne. ¾—1 Std. Sie vermittelt den Aufstieg zur Waxensteinscharte zwischen Hinterem und Großem Waxenstein.
In die Rinne und durch ein kurzes Klamml in die Scharte der jenseitigen Begrenzung (Bez. „Höllental"). Von hier durch eine Mulde erst

eben, dann ansteigend zu einem Grassattel mit bez. Stein. Die jenseitige Mulde schräg abwärts in eine Einschartung, die rechts einen kleinen Felszacken trägt. Die dritte Mulde wird zu einer Scharte in der nächsten Rippe gequert, die ebenfalls einen Felszacken aufweist. Man quert nun die vierte schrofige Mulde. Auch hier wieder am jenseitigen Rand ein Felszacken. In der Mulde zweigt rechts eine Markierung durch die Rinne ab zur Höllentalhütte. Der Kessel selbst ist bei Regen stark steinschlaggefährdet.
Zur Mittagsscharte hält man sich auf einem gelben Band auf den begrünten Sattel in der nächsten Rippe zu. (Eine hier auftauchende alte, dunkle Bez. nicht benützen!) Man geht der Wand entlang zu einer Scharte in der nächsten Rippe. Von ihr in einer gelben Rinne zur tieferen von zwei Einschartungen in der nächsten Rippe. Von hier aus sieht man hoch im S-Grat des Zwölferkopfes eine auffallende Scharte, die den Weiterweg zur Mittagsscharte vermittelt. Zu ihr gelangt man wie folgt: Vom bisherigen Standpunkt schräg links abwärts an die Wand, auf einem Band an einem auffallenden gelben Fleck vorbei und durch eine plattige Rinne schräg rechts hinauf auf die nächste Rippe. Sie begrenzt die Mulde zwischen Großem Waxenstein und Zwölferkopf. Man quert sie auf spärlichen Steigspuren etwa 50 m eben und steigt dann über grasdurchsetzte Schrofen etwa 100 m gerade hinauf zu der erwähnten Scharte im S-Grat des Zwölfers. Von hier auf gutem Grasband in wenigen Min. zur Mittagsscharte, 2045 m. Von hier Zugänge zum Zwölferkopf und Kleinen Waxenstein.

• 390 Riffelspitzen

Südliche, 2263 m; Nördliche, 2241 m

Leicht zu ersteigende Erhebungen, lohnend in Verbindung mit dem Übergang über die Riffelscharte (R 307).

• 391 Südliche Riffelspitze von der Riffelscharte

20 Min., **I.**

Von der Riffelscharte folgt man anfangs auf Steigspuren, dem begrünten, später schrofigen Grat mit mehrmaligem Ausweichen nach der Höllentalseite zum Gipfel.

• 392 Übergang von der Südlichen zur Nördlichen Riffelspitze und Abstieg über den Südostgrat zum Schafsteig

½—¾ Std., **I.** Trittsicherheit erforderlich.

Auf dem Grat in 20 Min. zum nördl. Gipfel. Von ihm aus kann man über die steilen Schrofen des SO-Grates zum Schafsteig absteigen und auf ihm rechts wieder zum Riffelweg gelangen.

● 395 Schönangerspitze, 2263 m

Wenig selbständiger Gipfel im Gratverlauf. Von S Grashänge, nach N eindrucksvolle Wände.

● 396 Vom Schönangersattel über den Westgrat
¾ Std., **I.**

Der Schönangersattel wird vom Schafsteig (R 389) durch die Mulde des Schönangers leicht, von der Nördlichen Riffelspitze her mäßig schwierig (II) erreicht. Man umgeht die ersten Grataufschwünge auf der S-Seite und gelangt dann über leichtes Gelände zum Grat und über ihn zum Gipfel.

● 397 Vom Schafsteig über die Südseite
½—¾ Std., **I.** Als Abstieg zu empfehlen.

Man verfolgt vom Riffelweg aus den Schafsteig, R 389, etwa ¾ Std., bis man, schon unter der Schöneckspitze, aber vor Erreichen des Schönecksattels, auf eine grüne Rinne trifft, die zur Scharte zwischen dem grünen Kopf im Verbindungsgrat und dem steilen Grataufschwung östl. von ihm hinaufführt. Von der Scharte links über den Kopf hinweg auf dem Grat zum Gipfel.

● 400 Schöneckspitze, 2263 m

Die Schöneckspitze ist ebenfalls ein nur wenig hervorragender Gipfel. Er fällt gegen O mit kurzem Steilabbruch (Schönes Eck) in die Einsenkung zwischen ihm und der Windhaspel ab, die den Namen Schöneckscharte führt. (Nicht zu verwechseln mit dem Schönecksattel. Diesen siehe R 389.)

● 401 Vom Schafsteig über die Südseite
¾ Std., **II.** Stellenweise ausgesetzt. Leichtester Zugang.

Vom Riffelweg auf dem Schafsteig (R 389) in die Schöneckmulde und nordw. in ihr hinauf gegen die Schöneckscharte. 2½—3 Std. von der Höllentalhütte (R 160). Unterhalb der Schöneckscharte quert man hart am Absturz der Schöneckspitze entlang links (westw.) in eine lange kaminartige Steilrinne. In ihr zum Grat und über ihn luftig zum Gipfel.

● 402 Hinterer Waxenstein

Windhaspel, 2253 m; Hauptgipfel, 2257 m

Wenig selbständige, doppelgipfelige Erhebung im Grat zwischen Schöneckspitze und Großem Waxenstein. Die ganz untergeordnete, brüchige, nur von N gesehen hervortretende Windhaspel ist der westl. Gipfel (Steinmann). Östl. von ihr befindet sich eine Scharte, aus der sich der Grat jäh und unten überhängend zum Hauptgipfel aufschwingt. Zu diesem zieht ein ziemlich langes, fast ebenes Gratstück, dem als höchster Punkt ein mächtiger, vom Blitz gespaltener Block aufliegt. Gleich südwestl. davon steht der Steinmann. Der Gipfel wird meist nur im Zuge der Überschreitung des ganzen Kammes besucht. Die N-Abstürze beider Gipfel bieten schwierige Kletteranstiege.

● 403 Vom Schafsteig über die Südseite

¾ Std., **II**.

Vom Riffelweg kommend folgt man dem Schafsteig (R 389) bis kurz hinter den „Abenteuerlichen Felsturm". Von der zweiten Rinne vor (westl.) der Waxensteinrinne auf gutem Schrofenband aufwärts und über die anschließenden grasigen Hänge zum Grat. Ein ansetzender Aufschwung wird über gute Schrofen von rechts nach links aufsteigend überwunden. Man hält sich nun auf und dicht südl. der Gratschneide bis zum Gipfel.

● 405 Großer Waxenstein, 2277 m

Von Garmisch und Grainau gesehen die vornehmste Erhebung des Waxensteinkammes. Vom Höllental auf ausgesetztem Steig zu erreichen. Der Große Waxenstein hat drei nahe aneinanderliegende Gipfel, deren Überschreitung, besonders vom Zwölfer her, eine hübsche Kletterei bietet. Das Kreuz steht auf dem westlichsten, höchsten Gipfel.

● 406 Aus dem Höllental

3—3½ Std., **II** (Stelle) und I. Erfordert, besonders im Abstieg, Trittsicherheit. Bis zur Waxensteinrinne bez., aber keine Steiganlage. Beim Abstieg bei unsichtigem Wetter genau auf die Bez. achten!

Die Waxensteinrinne bildet die Schlüsselstelle des Zustieges von Süden und dem Schafsteig zum Großen Waxenstein.

Von der Höllentalangerhütte, R 160, steigt man nach Überqueren des Baches über einen Geröllkegel gegen die Wand an und gelangt links der Wasserleitung zu einer betonierten Einfassung, hinter der das Wasserreservoir liegt. Vor ihm links vorbei und der Bez. folgend ausgesetzt auf schmalen Grasbändern und durch kleine Rinnen längere Zeit rechts aufwärts. Etwa 200 m über der Hütte wendet sich der Steig nach links und erreicht nach einiger Zeit ein Grasköpfel, von dem man in einen Spalt hinunter sieht. Hier geht es wieder nach rechts. (Im Abstieg: Achtung! Leicht zu verfehlen!) Zuletzt erreicht man den Fußpunkt eines von der Hütte sichtbaren, markanten, doppelgipfligen Turmes. Nun in der rechts von ihm herabziehenden flachen Rinne erst nahe der Turmwand empor, dann, die Rinne querend, aus ihr unterhalb eines Abbruchs rechts hinaus und an dem die Rinne östl. begrenzenden Grasrücken ein kurzes Stück aufwärts. Nun links quer über den sich hier einschiebenden Plattenschuß. Eine hier gerade ansteigende alte dunkle Bez. bleibt unbeachtet. Die neuere helle Bez. führt weiter links unter Platten vorbei, dann scharf rechts über Geröll und Grasschrofen empor in eine Mulde hart an der Wand, wo der obere Schafsteig erreicht wird. (Hier rechts zur Mittagsscharte, R 389, und zum O-Gipfel, R 407.) Man folgt nun schräg links ansteigend dem Schafsteig (R 389, dort eingehende Beschreibung für den Abstieg), der zuletzt durch ein von einem gelben Zacken gebildetes Schartel die Waxensteinrinne erreicht. An der rechten Begrenzungswand auffallende Bez. „Höllental". 2—2½ Std. Hierher gelangt man auch über den Riffelweg (R 307) und den Schafsteig (R 389) in 3 Std. von der Höllentalhütte. Weniger empfehlenswert.
Nun in der Rinne empor (I und II), weiter oben auch neben ihr, bis man nahe unter der Waxensteinscharte über brüchige Schrofen rechts heraussteigt und nahe dem Grat in dessen S-Flanke auf deutlichen Pfadspuren den Gipfel erreicht. ¾ Std.

● 407 Ostgipfel vom Schafsteig

3—3½ Std. von der Höllentalhütte, ½—¾ Std. von der Mittagsscharte; **II**. Empfehlenswert bei einer Überschreitung des Großen Waxensteins von O nach W mit Aufstieg von der Höllentalangerhütte über R 406 und den Schafsteig, R 389, in die Mulde zwischen Zwölferkopf und Großem Waxenstein, von der eine plattige Rinne zum Hauptgrat hinaufzieht.

Von der Mittagsscharte in der auffallenden plattigen, ausgewaschenen Rinne, die von rechts nach links hinaufzieht, nicht ganz leicht (II), weiter oben auch neben ihr, zum Hauptgrat hinauf. Man erreicht diesen links (westl.) beim Übergang zum Zwölfer auf der N-Seite eines Turmes, der umgangen wird. Nun links durch eine grasige Rinne und über Schrofen auf der Höllentalseite zum nahen O-Gipfel.

● 410 **Zwölferkopf,** 2225 m

Von Garmisch aus gesehen links vor dem Großen Waxenstein wenig hervortretende Erhebung, die meist nur bei der Überschreitung der Waxensteine besucht wird. Vom Kleinen Waxenstein ist der Zwölfer durch den tiefen Einschnitt der Mittagsscharte getrennt.

● 411 **Von der Mittagsscharte**

½ Std.; **II** (Stellen) und I. Steile Schrofen. Trittsicherheit erforderlich. Im Abstieg nicht leicht zu finden.

Von der Mittagsscharte (hierher auf R 389 oder R 406) auf dem Grasband, das zur Scharte im Zwölfer-S-Grat führt, einige Meter westw., dann sogleich schräg nach rechts empor zu einem Köpfel. Von hier schräg nach links, fast bis an die Kante, wo breite Grasbänder am Fuß der hier eingelagerten Platten wieder wenig ansteigend nach rechts (N) leiten. Über eingesprengte Grasflecken durch die Platten zum S-Grat und links (westl.) von ihm zum Gipfel.
Im Abstieg klettert man rechts (westl.) neben dem Grat so lange hinab, bis er leicht nach links zu überschreiten ist. Am oberen Rand der Platten nach links (N), bis man über die Grasflecken durch sie absteigen kann. An ihrem unteren Rand wieder nach rechts bis fast an die Kante. Hier schräg links, an vereinzelten Latschen vorbei, zuletzt schräg rechts hinab auf das Grasband.

● 413 **Kleiner Waxenstein,** 2138 m

Der kühn gebaute Felsobelisk, der den Abschluß des Waxensteinkammes bildet, ist eines der Wahrzeichen von Garmisch-Partenkirchen. Seine Besteigung erfordert außerordentlichen Orientierungssinn.

● 414 **Von Hammersbach über das Manndl**

4 Std. von Hammersbach. 2 Std. E; **II**. Meistbegangener Weg. Genußreiche Kletterei in gutem Fels.

Von Hammersbach auf R 301 und 302 zur Mittagsreiße. Man überschreitet sie nicht, sondern steigt in ihrem östl. Teil noch ein gutes Stück hinauf gegen die Mittagsschlucht. Von hier zieht zum Sattel zwischen Manndl und Kleinem Waxenstein ein Schrofenhang hinauf, auf den die steilen Wände des Kleinen Waxensteins absetzen. Vom mittleren Teil der Mittagsreiße (E) leiten geröllbedeckte Bänder fast eben in die Schrofenwand nach links. Am besten hält man sich hart am Rand der in die Wand hinaufziehenden Latschen. Wo sie an die Wand anschließen, links über ein breites, plattiges Band und Geröll zu grasigen Schrofen, die leicht zu dem grünen Sattel zwischen Manndl und Kleinem Waxenstein führen. ¾ Std. E. Für den Abstieg merke man: Vom Manndlsattel möglichst nahe den Steilwänden schräg links hinab, bis man das breite, plattige Band hinter sich hat. Dann immer am linken Rand der Latschen hinab zur Reiße.

Vor dem Sattel zwischen dem großen auf der Höllentalseite eingelagerten Schuttfeld stehen zwei niedrige Zacken. Oberhalb von ihnen steigt man durch ein kurzes, erdiges Klamml in die Gratflanke ein, in der man erst schräg links in einer Schrofenrinne emporklettert, dann nach rechts auf gutem Band ansteigend, den Grat über dem Ausstieg aus dem Kamin gewinnt.

Der Grat wird mit geringem Ausweichen bis zum Gipfel verfolgt. Auch den Aufschwung kurz vor dem Gipfel erklettert man am besten direkt. Man steigt auf der Höllentalseite durch eine kurze Rinne in die Scharte vor ihm ab und gewinnt hart links der Kante in schöner Kletterei seine Höhe und gleich darauf den Gipfel. 1¼ Std.

• 415 Von der Höllentalangerhütte über die Südhänge

3 Std.; **II** (Stellen) und leichter. Trittsicherheit erforderlich. Im Abstieg und bei Nebel nicht zu empfehlen, da schwer zu finden.

Man steigt unmittelbar gegenüber der Höllentalangerhütte, R 160, gegen die Wand an und erreicht von links nach rechts über eine kurze Wandstufe ein von der Hütte sichtbares Steiglein, das zu der Quelle des Mariensprungs leitet. Man überschreitet sie, quert jenseits noch einige Meter in eine plattige Rinne und steigt in ihr etwa 25 m hinauf, bis man sie nach rechts auf gut gestuftem Gras verlassen kann. Nun schräg rechts aufwärts zu einer zweiten Rinne, an ihrer linken Begrenzung empor und nach einiger Zeit rechts heraus auf einen begrünten Rücken. An ihm empor und rechts gegen die

Kleiner Waxenstein, Mittagsscharte, Zwölferkopf, Großer Waxenstein. Links hinter den Bäumen Höllentorkopf, Alpspitze und Hochblassen.

Felswand eines dunkelgestreiften Felskopfes, der auf der vom Zwölfergrat ins Höllental streichenden Rippe steht. Unter ihm in einer grasigen Rinne zur grünen Scharte hinter dem Felskopf. Von der Scharte auf die Rippe und dann links davon (II) auf den zweiten Sattel. 1½ Std.

● 415 a Variante bis zum Sattel
2 Std. Etwas länger, aber leichter zu finden und bequemer. (Als Abstieg geeignet.)

Von der Hütte auf R 406, bis man die Rinne neben dem doppelgipfligen Turm oben nach rechts verlassen hat und auf den sie begrenzenden Rücken gelangt, von dem sich die Bez. links wendet. Von hier sieht man den oberen grünen Sattel, und quert unschwer zu ihm hinüber. 2 Std.
Nun gemeinsam: Vom Sattel sieht man in die von der Mittagsscharte herabziehende breite Schrofenrinne hinunter, die wenig tiefer von einem deutlichen steigartigen Geröllband fast eben gequert wird. Es führt an der jenseitigen Rippe als grünes Band um die Kante. Vom Sattel gerade, nicht schräg links, über brüchige Schrofen in die Rinne hinab und leicht links ansteigend zum Band, dem man über die Rinne und um die Ecke zu einem grünen Fleck folgt. Von ihm über begrünte Schrofen leicht hinauf bis unter auffallende schwarzgelbe Überhänge. Etwas unter ihnen quert man über plattige Schrofen nach rechts zum Grat, steigt auf ihm etwa 20 m empor und gelangt durch eine grasige Schrofenrinne links aufwärts auf einen Seitengrat. Nun rechts zu auffallenden großen Blöcken hinauf. Von ihnen rechts auf einen zackigen Anbau und luftig, aber auf gutem Fels um ihn herum in eine Rinne oberhalb des Abbruchs. In der Rinne hinauf, bei einer Gabelung rechts auf eine Gratrippe. Erst an ihrer rechten (östl.) Flanke unter einer großen Platte vorbei, dann wieder zum Grat und in seiner linken Flanke bald zum Gipfel. (Die oberste Gratrippe zieht vom Gipfel genau nach S. Wichtig für den Abstieg. Im Abstieg nur, wenn schon im Aufstieg bekannt, und nur auf R 415.)

3. Blassenkamm

● 420 Der Blassenkamm, vom Zugspitz-O-Gipfel nach O streichend, kann in einen westl. Teil, den Höllentalgrat, und einen östl., den Blassengrat, eingeteilt werden. Der westl. Kamm begrenzt von der Zugspitze bis zur Inneren Höllentalspitze und mit dem von dieser südostw. zum Brunntalkopf absinkenden Seitengrat den Schnee-

ferner und das Zugspitzplatt im NO und O. Der Inneren Höllentalspitze folgen nach O zu die Mittlere und die Äußere Höllentalspitze, die Vollkarspitze und der Hochblassen. Ein von der Äußeren Höllentalspitze südw. ziehender Seitengrat trägt die wilden Zacken der Kirchtürme. Vom Hochblassen zweigt nach N ein Grat zur Grieskarscharte ab. Er schwingt sich zur Alpspitze auf und verläuft von ihr zum Höllentorkopf. In der N-Seite des westl. Blassenkammes buchten sich das Mitterkar und das Mathaisenkar ein, das den Übergang vom Höllental ins Grieskar vermittelt. In die S-Seite sind das Gamskar, das Kirchlkar und das Vollkar eingelagert. Die beiden letzteren sind durch die Kirchtürme voneinander getrennt.
Die Gipfel des westl. Blassenkammes sind verhältnismäßig leicht zu erreichen, erfordern aber trittsichere Geher und Orientierungsgabe. Der Gratübergang von der Zugspitze zur Alpspitze ist durch eine von der Inneren Höllentalspitze bis zur Alpspitze reichende Drahtseilsicherung erleichtert und zählt zu den schönsten Grattouren im Wetterstein.
Der östl. Teil des Blassenkammes, der Blassengrat, verläuft vom Hochblassen über die wildgezackte Blassenspitze zum Hohen Gaif und zur Mauerscharte.

● **421** **Innere Höllentalspitze,** 2737 m

Schöner Felsturm über dem Weißen Tal. Von der Knorrhütte leicht zugänglich, bietet dieser Gipfel dank seiner zentralen Lage einen aufschlußreichen Überblick.

● **422** **Von der Knorrhütte über den Südostgrat**
2½ Std., **I.** Durch Anlage eines gesicherten Klettersteiges wesentlich erleichtert. Ungeübten nicht ohne Führer zu empfehlen.

5 Min. oberhalb der Knorrhütte, R 230, vom Zugspitzweg rechts ab (Ww.) und an die Felsen. Hier durch eine erst zuletzt sichtbare Rinne etwas rechts hinauf auf grasiges Gelände und wieder schräg nach rechts, eine breite Schuttrinne querend, zum Grat, den man in

Zur folgenden Doppelseite: Der Ostgipfel der Zugspitze. Der Blick geht nach Südosten und reicht bis zum Großglockner (rechts am Bildrand) und zum Wiesbachhorn. Über dem Oberreintal liegt dichter Nebel, aus diesem steigen die gewaltigen Felspfeiler des Oberreintaldomes, der sich vor den Dreitorspitzen (Bildmitte) bei diesem Tiefblick bescheiden ausnimmt. Dahinter die Karwendelkette (links) und die Arnspitzgruppe (rechts).

Höhe des Brunntalkopfes etwas über der tiefsten Einsenkung erreicht.
Der Brunntalkopf, 2265 m, ein unbedeutender, gegen das Reintal vorspringender Felskopf, kann von hier unschwierig über seinen S-Grat bestiegen werden. 10 Min.
Nun links (nordw.) über eine Wandstufe und an den Fuß eines breiten Aufschwungs. Man überwindet ihn zuerst an der rechten Seite, dann auf Bändern schräg links und an der linken Begrenzung emporkletternd. Den nächsten Gratzacken umgeht man auf der Plattseite. Den Drahtseilen folgend bleibt man dann auf dem Grat bis zu einem größeren Turm mit Steinmann, auf den von W her eine Schrofenrinne hinaufführt. Unter seinem Gipfel vorbei zu einer nach W vorspringenden Rippe und durch eine Rinne nach W hinab in die Mulde unter scharfen Gratzacken, die der deutliche Steig ansteigend zu einer von einem scharfen Felszahn herabkommenden Rippe quert. Längs dieser Rippe zu einer Gratscharte mit Farbkreuz empor. Von dieser Scharte steigt man auf der Gamskarseite etwas ab, quert nach links einige Platten und erreicht über die schrofigen Hänge mäßig ansteigend den Verbindungsgrat Innere — Mittlere Höllentalspitze östl. des östl. Vorgipfels. Ww. Nun auf dem Hauptkamm links (westw.) und über eine Wandstufe auf den Vorgipfel. Hier steigt man kurz auf die N-Seite ab und quert in die Scharte westl. des Vorgipfels. Durch eine Rinne in der N-Seite auf einen Aufschwung und in wenigen Min. zum Gipfel.

● 423 **Mittlere Höllentalspitze,** 2740 m

Tritt kaum aus dem Kammverlauf hervor und wird meist nur in Verbindung mit einem der anderen Gipfel besucht.

● 424 Von der Knorrhütte durch das Gamskar

3 Std. E.; **II.** Trittsicherheit und Orientierungsvermögen erforderlich. Im Nebel schwer zu finden.

Von der Knorrhütte auf R 231 über die Sandreiße (nicht durchs Brunntal) hinab. Eine Kehre, bevor der Weg in die Latschen tritt, quert man das Geröll ostw. und trifft nahe dem oberen Ende der Latschen auf Steigspuren, die unter dem Brunntalkopf vorbei zu den Grasterrassen unterhalb des Gamskars führen. Man erreicht die aus dem Gamskar kommende Rinne da, wo sie sich in zwei ins Kar hinaufziehende Rinnen gabelt. In der rechten (östl.) Rinne hinauf, dann über Gras links aufwärts zur westl. Rinne querend, wendet man sich vor ihr wieder rechts (ostw.) zu einer etwas plattigen

Rinne. In ihr empor, bei einer Gabelung rechts zu den Grashängen des eigentlichen Gamskars nahe deren östl. Rand. Nun im Grund des Kars bis dicht unter den Wandgürtel, der das Kar einschließt. Durch die gelbe Wandzone führt eine von links nach rechts emporziehende gut gangbare Rinne auf weniger geneigte, teilweise plattige Geröllhänge. Über sie schräg nach rechts empor, quert man sodann durch einige Rinnen auf einen Geröllsattel, von dem eine Rinne dicht unter dem das Gamskar und Kirchlkar trennenden S-Grat zum Gipfel hinaufleitet.

● 425 **Gratübergang zur Äußeren und von der Inneren Höllentalspitze**

½ bzw. 1 Std., gesichert, siehe R 451.

● 426 **Äußere Höllentalspitze,** 2721 m

Gleichfalls wenig hervorragender Gipfel. Lohnt nur in Verbindung mit dem Gratübergang oder beim Übergang von der Höllentalhütte durch das Mathaisenkar zur Knorrhütte (R 429).

● 427 **Aus dem Vollkar**

5 Std. von der Reintalangerhütte; **II** (Stellen), I und Gehgelände. Sehr mühsam und wenig lohnend.

Vom Vollkar (R 438) zu dem Felskopf der das Kar vertikal teilenden Rippe. Von da gesehen erscheint die Höllentalspitze als dreigipfliger Bau. Man steigt über die Schrofenhänge gegen die linke Erhebung an, die den Gipfel bildet.

● 428 **Gratübergang von der Mittleren Höllentalspitze und zur Vollkarspitze**

½ Std. bzw. 1 Std., gesichert; **II** (Stellen) und leichter.

● 429 **Aus dem Mathaisenkar**

5 Std. von der Höllentalangerhütte. 4 Std. E, II. Brüchiger Fels. Viel Geröll. Mühsam.

Vom Mathaisenkar gesehen durchziehen zwei rinnenartige, teilweise schneebedeckte Bänder die O-Flanke des N-Grates der Äußeren Höllentalspitze. Das obere Band vermittelt den Durchstieg. Man steigt vom Mathaisenkar auf die es westl. begrenzende Gratrippe und folgt ihr mit mehrmaligem Ausweichen nach links (O) bis zum Band. Auf ihm etwa 300 m empor. Von seinem Ende über Schutt zum O-Grat wenig östl. des Gipfels.

● 430 Kirchtürme

Großer, 2514 m; Kleiner, 2368 m

Untergeordnete, aber kühne Felstürme im Trennungsgrat von Kirchlkar und Vollkar. Alle Anstiege erfordern einen guten Kletterer. Der Kleine Kirchturm zeigt dem Beschauer von der Reintalangerhütte aus seine abschreckenden S-Abstürze.

● 432 Vollkarspitze, 2630 m

Ganz unbedeutender, schlanker Felsturm im Hauptkamm. Wird im Zug von R 451 („Jubiläumsgrat") überschritten.

● 435 Hochblassen

Signalgipfel, 2696 m; Hauptgipfel, 2703 m

Der zweigipfelige Hochblassen zählt zu den vornehmsten Erhebungen des Wettersteins, wenngleich er von Tal wenig zur Geltung kommt. Von der Alpspitze, vom Grieskar und vor allem vom Schachen aus aber erscheint sein stolzer Bau in voller Größe. Nach N und S fällt er in prallen Wänden ab. Der O-Grat (Blassengrat), vom Hohen Gaif aus begangen, ist eine höchst genußreiche Klettertour. Der W-Grat des Signalgipfels, auf den alle leichteren Anstiege führen, vermittelt den leichtesten Zugang. Aber auch er erfordert Ausdauer.

● 436 Von der Grieskarscharte

4½—5 Std. vom Kreuzeck, 1¾ Std. von der Grieskarscharte; **II** (Stellen), I und Gehgelände, Drahtseilsicherungen. Siehe Abb. S. 153.

Die Grieskarscharte wird am besten und kürzesten vom Kreuzeck über die Schöngänge erreicht (R 446). 2½—3 Std. Hierher auch länger auf dem Bernadeinweg und über den Stuibensee, R 449. Vom Höllental zur Grieskarscharte auf R 449 3½—4 Std. Oder von der Osterfelderbahn über den Eisenweg (Alpspitz-Ferrata) unter dem Alpspitzgipfel vorbei.
Südl. der Grieskarscharte liegt dicht unter dem Verbindungsgrat Hochblassen — Alpspitze in seiner O-Flanke ein Geröllfeld, über das man zum Anschlußpunkt des Verbindungsgrates an den senkrechten Abbruch des Hochblassen gelangt. Hier befindet sich dicht

Beim Aufstieg zur Alpspitze über den Ostgrat beherrscht die aus dem Grieskar aufragende Nordostwand des Hochblassen das Blickfeld. Gipfel im rechten Bilddrittel.

unter dem Abbruch eine kleine Scharte, die „falsche Grieskarscharte". Nun durch eine gesicherte, kurze kaminähnliche Rinne gegen W hinab, bis man eben an der W-Seite des erwähnten Abbruches durchqueren und über geröllbedeckten Fels gerade zum Hauptgrat zwischen Vollkarspitze und Hochblassen hinaufsteigen kann. ½ Std. (Hier auf dem Grat westw. weiter über den Jubiläumsgrat zur Vollkarspitze usw., R 451.) Jenseits südw. 3 m in einer Rinne hinunter und sofort scharf links (ostw.) in ein Schartel. Von ihm steigt man erst einige Meter ab. Dann parallel mit dem Grat zu einer plattigen Rinne. In ihr hinauf, hinter einem Felszahn rechts auf einen Vorbau und durch Queren plattiger Felsen zum Grat unmittelbar am Massiv des Signalgipfels. Nun links, zwischen einem Felszahn und der Wand durchschlüpfend, in einen großen Geröllkessel. (Beim Abstieg lasse man sich nicht verleiten, hier gleich rechts auf die Höllentalseite abzusteigen. Man muß vielmehr erst auf die Reintalseite des Grates kommen.) Vom Geröllkessel zu dem schluchtartigen Kamin, durch den man eine Scharte im W-Grat des Signalgipfels erreicht. (Hier kommt von N die Eisrinne herauf. Die steile Rinne keinesfalls abfahren. Lebensgefahr!) Aus der Scharte, hart an der Gratkante, auf der Grieskarseite durch einen Kamin hinauf auf ein zweites Schartel und von dort hinauf zum Signalgipfel. ¾ Std. Nun auf dem Grat, mit geringem Ausweichen in die Reintalseite, in die tiefste Scharte vor dem Hauptgipfel. Hier erst einige Meter gegen das Grieskar hinaus, dann in einer Rinne, die sich bald kaminartig verengt, zu einer kleinen Scharte hinauf. Aus ihr an einer plattigen Wand hoch und noch ein kurzes Stück über den Grat zum Gipfel. ½ Std.

● 437 Gratübergang von der Vollkarspitze und von der Alpspitze

1¼ bzw. 2¼ Std. Siehe R 450 f.

● 438 Durch das Vollkar

Bis zum Grat meist Gehgelände. Sehr mühsam, 5—6 Std.

Von der Reintalangerhütte, R 225, folgt man dem Weg talaus und steigt auf dem Schützensteig (R 313) an, bis man ungefähr nach 1½ Std. und ungefähr über der Hinteren Gumpe unter den Wänden auf latschenfreies Gelände kommt. Hier trifft man dicht unter der

Hinter dem Hohen Gaif die gekrümmte Schneide der Schüsselkarspitze, flankiert links von Leutascher und Partenkirchener Dreitorspitzen, rechts von Scharnitzspitze und Oberreintalschrofen.

Wand auf eine Steigspur, der man kurze Zeit westw. gegen das Vollkar zu folgt. Dann steigt man zu dem riesigen, mit gelber Wand abbrechenden Eckpfeiler des Kars hinauf und erreicht einen grünen Platz unter dem Pfeiler. Von hier aus sieht man links der gelben Wand hoch oben im Grat zwei höckerige Erhebungen, die gegen das Vollkar in senkrechten Wänden abstürzen. Die linke ist der Signalgipfel, die rechte der Hauptgipfel des Hochblassen. Wo die W-Kante des Signalgipfels links auf den Grat absetzt, muß man ihn erreichen. Man steigt etwas links ab ins Vollkar und hält sich dann schräg rechts aufwärts, den rechten (östl.) Begrenzungswänden des Kars entlang, bis nahe unter die Wände des Hochblassen. Zuletzt steigt man links hinaus zu dem erwähnten Punkt im Grat, wo man auf den Anstieg von der Grieskarscharte, R 436, trifft. Auf ihm weiter zum Gipfel.

● **440** **Blassenspitze,** etwa 2420 m

Vom Stuibensee und vom Grieskar aus gesehen ein türmereicher wilder Felsbau. Sie ist von allen Seiten schwer zugänglich und wird im allgemeinen nur beim Übergang vom Gaif zum Hochblassen (Blassengrat) besucht.

● **442** **Hoher Gaif,** 2289 m

Der östl. Eckpunkt des Blassenkammes. Vom Stuibensee ohne besondere Schwierigkeiten erreichbar. Schöner Blick ins Reintal und auf die N-Wände des Wettersteinkammes, jedoch wenig verschieden von der Aussicht vom Mauerschartenkopf.

● **443** **Über die Nordwand**

3 Std. vom Kreuzeck. 1 Std. E; **II**, überwiegend I und Gehgelände.

Vom Kreuzeck, R 170, über die Schöngänge (R 446) und von deren Höhe hinab auf das Geröll über dem Stuibensee. Von hier geht man fast eben gegen die N-Wand des Gaif. (Hierher auch auf dem Bernadeinweg auf R 449. Etwas länger.)
In die N-Wand des Hohen Gaif ist eine in ihrem östl. Teil grasige karähnliche Mulde eingelagert, deren östl. grüne Begrenzungsrippe bis zum O-Grat hinaufzieht. Man erreicht die Mulde über die darunter liegenden Schrofen durch eine seilgesicherte Rinne. Aus der

Der östliche Wettersteinkamm. Diese Teleaufnahme läßt Zugspitze, Schneefernerkopf und die Alpspitze in eine unwirkliche Nähe rücken.
○ = Osterfelderkopf-Bergstation.

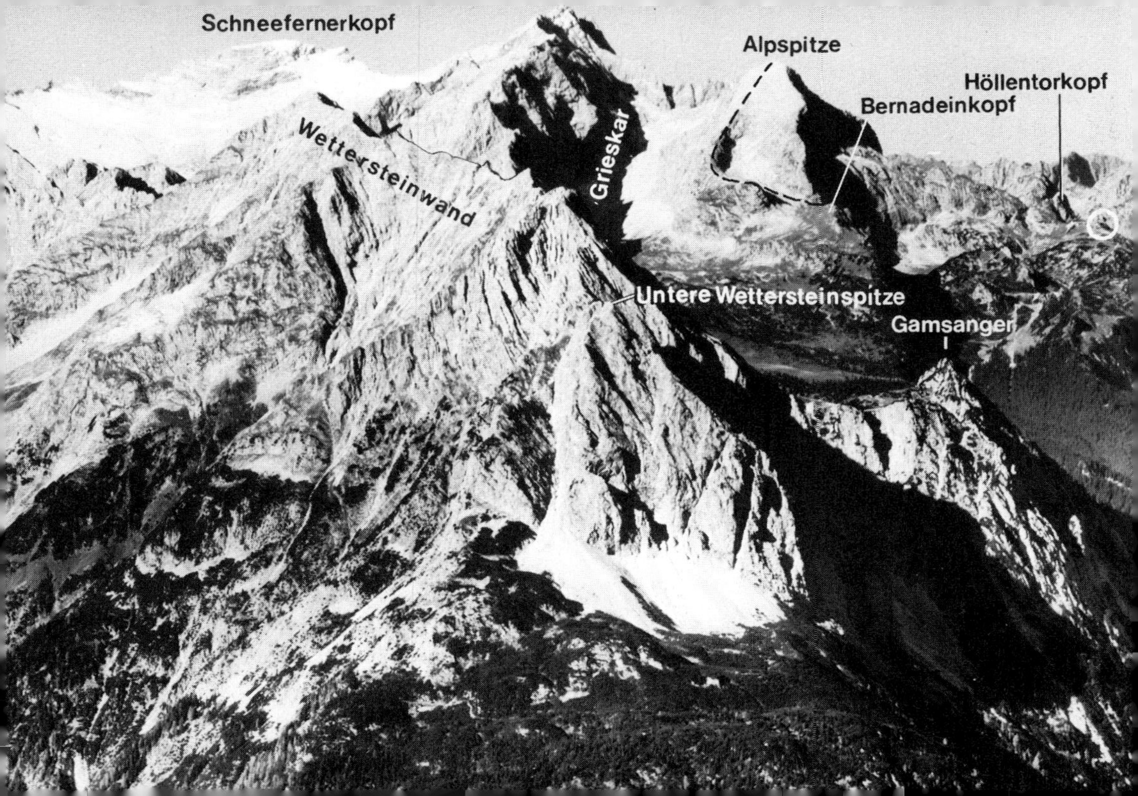
Schneefernerkopf
Alpspitze
Höllentorkopf
Bernadeinkopf
Wettersteinwand
Grieskar
Untere Wettersteinspitze
Gamsanger

Mulde entweder, besser und schöner, an ihrer linken Begrenzungsrippe zum O-Grat und über ihn zum Gipfel. Oder, weniger schön und nicht leichter: Man quert den Geröllgrund der Mulde rechts aufwärts und steigt über die steile Schrofenwand fast direkt zum Gipfel. Die Schrofen sind überall gangbar, eine genaue Wegangabe ist daher nicht möglich. Am besten ist es, eine wenig ausgeprägte, etwas schräg rechts aufwärts ziehende Rippe möglichst hoch hinauf zu verfolgen und dann kurz unter dem Gipfel links (ostw.) zum O-Grat zu queren, den man einige Min. östl. des Gipfels betritt.

● 445 Alpspitze, 2620 m

Die formschöne Pyramide der Alpspitze beherrscht das Ortsbild von Garmisch. Infolge ihrer freien Lage bietet sie eine hervorragende Aussicht nach N ins Loisachtal und darüber hinaus in die Ebene. Im O ist das Karwendelgebirge aufgeschlossen, im S zeigt sich der ganze Wettersteinkamm; besonders eindrucksvoll ist der Blick ins Höllental mit seinem Ferner und auf die Zugspitze. Im NW ist der Waxensteinkamm in seiner ganzen Ausdehnung sichtbar.
Die Ersteigung des vielbesuchten Gipfels ist durch Steiganlagen und Sicherungen erleichtert, so daß er trittsicheren Gehern auf den leichteren Wegen sehr empfohlen werden kann.

● 446 Über die Schöngänge

2½—3 Std. Vom Kreuzeck, R 170. **I.** Gebräuchlichster Weg. Bez. und gesichert. Siehe Abb. S. 153.

Vom Kreuzeck zur Hochalm, R 185. Nun in der Mulde südwestw. aufwärts auf den Sattel im Aschengrat, in dessen unmittelbarer Nähe die Bergwachthütte steht. Jenseits auf der straßenähnlichen Skitrasse in den Kessel unter der Bernadeinwand. Über Geröll zum E und auf dem gesicherten Steig erst von rechts nach links zu den Wänden, dann ihrem Fuße folgend nach rechts und schließlich wieder links durch eine Verwerfung mit Hilfe von Drahtseilen und Eisenklammern steil hinauf auf den grünen Sattel westl. der Bernadeinwand, zu dem von der anderen Seite der Weg vom Stuibensee, R 449, heraufkommt. 1¼ Std. Nun westw. ins Oberkar, das nach links hin in einem nach N offenen Bogen ausgegangen wird. Von seinem rechten, obersten Winkel über Geröll und Schrofen zum Gipfel. 1 Std. Oder: nach links auf die Schulter. Von dort über den teils seilversicherten Ostgrat zum Gipfel.

Über den Almwiesen und den Latschen des Längenfeldes erhebt sich majestätisch die Alpspitze mit dem Ebenmaß ihrer Nordwand.

Man kann sich auch im Oberkar links auf die sog. Schulter halten und von dieser auf dem O-Grat (gesichert) zum Gipfel gelangen. Etwas schwieriger als durchs Kar; üblicher Winteranstieg.

● 447 Nordwandsteig

Zugang von der Osterfelderbahn in das Oberkar. ¾ Std. **I** (Klettersteig, einige kurze Stellen). Trittsicherheit erforderlich. Weiterweg ab Oberkar siehe R 446. Siehe Abb. S. 153.

Von der Osterfelderbahn, R 133, gegen die N-Wand der Alpspitze. Rechts Abzweigung zur Rinderscharte. Durch ein Felsentor zum Fuß der N-Wand und diese (teils im Tunnel) nach O auf ausgebautem Steig querend ins Oberkar.

● 448 Alpspitz-Ferrata

1½—2 Std. **I** (Klettersteig), sehr gut gesichert. Schwindelfreiheit und absolute Trittsicherheit jedoch unbedingt notwendig. Der kürzeste Weg vom Osterfelderkopf zum Alpspitzgipfel. Für Begeher des „Jubiläumsgrates" (R 451) die beste Abstiegsmöglichkeit vom Alpspitzgipfel zur Osterfelderbahn.

Von der Bergstation der Osterfelderbahn führt der Weg zunächst, gemeinsam mit dem Nordwandsteig, in südl. Richtung unterhalb des Höllentorkopfes vorbei und zweigt dann etwa 100 m nach dem abgespaltenen Turm vom bestehenden Nordwandsteig rechts ab. Nach dem ersten Abschnitt verläßt der Weg die Route zur Nordwand und bewegt sich weiter westl. in die „Stoarösl-Scharte". Von hier aus bietet sich ein herrlicher Blick auf das Zugspitzmassiv und den Höllentalferner. Von der Scharte aus verläuft der Steig über Rinnen und Schrofengelände und gewinnt dann an Steilheit. Er führt schließlich über einen steilen, gut gesicherten Plattenschuß hinaus auf den NW-Grat der Alpspitze. Dieser Grat wird kurz verfolgt bis zum letzten Gipfelaufschwung. Von dort zweigt der Steig ab über ein natürliches Band in die W-Seite der Alpspitze. (Von hier weiter nach S, kürzester Zugang zur Grieskarscharte.) Über eine steile Rinne wird anschließend direkt das Gipfelkreuz der Alpspitze erreicht.

● 449 Über den Stuibensee

3½—4 Std. vom Kreuzeck, **I**. Bez. Siehe Abb. S. 153.

Vom Kreuzeck auf R 312 an der Bernadeinjagdhütte vorbei und auf dem Bernadeinweg weiter, bis nach Querung des Bernadeintales

Der Alpspitz-Nordwandsteig führt durch den unteren Teil der Nordwand zur sogenannten „Schulter“ oder ins Kar.

ein Ww. rechts zur Alpspitze weist. Nun dem spärlichen Steig folgend durch lichten Wald aufwärts, bis sich der Steig auf einer großen Grasterrasse verliert. Man hält sich in Richtung auf den hier schon sichtbaren Alpspitzgipfel westw. durch Latschen oberhalb der Grasterrasse. Bald wird der Steig wieder deutlicher (alte Bez.). Man gelangt, von der bisherigen Richtung etwas links abweichend, auf eine weitere Terrasse dicht oberhalb nördl. des Stuibensees. Hier führt der ausgeprägte Steig rechts (nordw.) über eine Schrofenstufe auf schwach geneigte Grashänge, über die man in westl. Richtung den grünen Sattel oberhalb der Schöngänge erreicht. 1½ Std. vom Bernadeinweg. Nun weiter wie R 446 zum Gipfel.

● 450 Von der Grieskarscharte
¾ Std., **I** und Gehgelände. Durch Drahtseilsicherungen erleichtert.

Zur Grieskarscharte siehe R 436. Von der Scharte längs des gesicherten Grates mit sich von selbst ergebendem Ausweichen zum Gipfel. Auch für den Abstieg geeignet. Für Alpspitzbesteiger, die vom Kreuzeck kommen, bietet sich Gelegenheit zu einer hübschen Rundtour, indem sie zum Aufstieg den O-Grat, zum Abstieg den Weg zur Grieskarscharte und durch das im oberen Teil steile Grieskar nehmen.

● 451 Jubiläumsgrat (Höllentalgrat)
10—12 Std., **III—** (zwei Stellen) oder abseilen, sonst überwiegend II und leichter. Gratübergang von der Zugspitze über die Höllentalspitzen zur Alpspitze. Von der Alpspitze bis zur Inneren Höllentalspitze, jedoch nicht weiter, gesichert, aber keine Steiganlage. Schöner, landschaftlich prächtiger Gratübergang, der aber hohe Anforderungen an die Ausdauer stellt und bei Witterungsumschlag sehr gefährlich werden kann. Gelegenheitsbergsteigern ohne Führung dringend zu widerraten. Siehe Abb. S. 151.

Vom O-Gipfel der Zugspitze folgt man lange Zeit dem Grat (eine Steilstufe wird direkt überklettert) bis zu einem größeren Abbruch (Steinmann). Man kann nun entweder direkt hinabklettern (schwierig) oder ihn umgehen, indem man in einer Rinne absteigt und unter ihm durchquert. Zwei weitere Grattürme werden südl. umgangen. Man quert dabei, teilweise auf Steigspuren, einige Rippen, hält sich aber nicht zu tief in der überall gangbaren S-Flanke, da dies zu zeitraubenden Umwegen führt, sondern trachtet immer wieder den

Der Jubiläumsgrat (R 451). Standpunkt des Fotografen: etwa ½ Std. östlich der Zugspitze. Der Grat verläuft in Bildmitte zuerst über die Innere, dann über die Mittlere und Äußere Höllentalspitze. Die den Jubiläumsweg bezeichnende Seilsicherung beginnt erst beim Aufschwung an der Inneren Höllentalspitze. Diese ist Wind und Wetter so stark ausgesetzt, daß sie trotz ständiger Reparaturen häufig schadhaft ist. Nahe der Äußeren Höllentalspitze befindet sich eine Notunterkunft direkt am Grat.

Alpspitze
Grieskarscharte
Hochblassen
Oberreintal
Reintal
Höllental

Grat zu erreichen. Man gelangt so an den westl. Vorgipfel der Inneren Höllentalspitze, dessen Aufschwung bei einem schon von weitem sichtbaren Farbfleck erklettert wird. Jenseits, an der S-Seite, durch eine blockgefüllte, nach O offene Rinne hinab in eine weite Schrofenmulde, deren jenseitige Begrenzung der Gipfelbau der Inneren Höllentalspitze ist. (Weithin sichtbare rote Farbkreuze). Man quert in der S-Flanke des Grates zum untersten Farbkreuz an der gelben senkrechten Wand hinüber und steigt hart an ihr auf einem Band nach links zum Grat hinauf, der dicht am Fuß des Gipfelaufschwunges wieder betreten wird. Hier über einige Wandstufen etwas rechtshaltend, dann nahe der Gratkante durch ein Rinnensystem (loses Drahtseil, Vorsicht!) unmittelbar zum Gipfel der Inneren Höllentalspitze. 3½ Std. An schweren Stellen überall fester Fels.

Von der Inneren Höllentalspitze folgt man kurz dem Grat und steigt dann durch eine Rinne in der N-Flanke zur Scharte vor dem östl. Vorgipfel hinab. Dieser wird nach einem Quergang ebenfalls an der N-Seite erklettert. Dann über den Grat hinab bis zu der Einsenkung, von der der gesicherte Steig zur Knorrhütte über den Brunntalgrat hinabführt (R 422). Gute Abstiegsmöglichkeit. Einigen Zacken nördl. ausweichend auf dem Grat weiter bis zu einem großen Turm. Die Sicherungen leiten in seiner S-Flanke steil auf seine Höhe, worauf man mit unwesentlichem Ausweichen dem Grat bis zur Mittleren Höllentalspitze folgt. 1 Std.

Von dieser südl. unterhalb der Gratschneide auf deutlichem Geröllpfad zur Äußeren Höllentalspitze. ½ Std. Kurz vor dem Gipfelaufschwung die alte „Blechhütte" und daneben die aus Leichtmetall erbaute neue Biwakschachtel (Notunterkunft). Vom Gipfel der Äußeren Höllentalspitze auf dem Grat, ein Türmchen nördl. umgehend, zum östl. Vorgipfel. Von ihm in einer Rinne kurz südw. hinunter, dann auf der Gratschneide einen Steilabbruch hinab. Immer darauf achten, die Seilsicherungen nicht zu verlieren! Den nächsten brüchigen Gratturm umgeht man, etwas absteigend, auf der S-Seite. Dann wieder auf dem Grat selbst bis in die Scharte vor dem kühnen Felszahn der Vollkarspitze, die hart nördl. der Gratkante mit Hilfe guter Sicherungen sehr luftig erklettert wird. 1 Std.

Das Luftbild zeigt den Jubiläumsgrat zwischen Innerer (Westl.) Höllentalspitze und Zugspitze. Bald nach der Inneren Höllentalspitze endet die Seilsicherung. Dieser Teil des Grates fällt fast ausnahmslos brüchig und steil zum Höllentalferner ab.

Grünstein
Schneeferner-
kopf
Zugspitze
451
Irmer-
scharte
Innere Höllental-
spitze
Zugspitzplatt
Jubiläumsgrat
353
Höllental-
ferner

Jenseits ebenfalls sehr steil mit Hilfe von Drahtseilen und Eisenklammern unmittelbar an der Gratkante hinab in die Scharte östl. der Vollkarspitze. Am Grat weiter, einen Aufschwung nördl. umgehend, zu der Stelle, an der von links her der Anstieg zum Hochblassen heraufkommt (R 436). ½ Std. Hier verläßt man den geröllbedeckten Schrofen absteigend und quert hart unter dem Grat (wie bei R 436 im Aufstieg beschrieben) nach links (N) unter der senkrechten W-Wand des Hochblassen vorbei zu einem kurzen Kamin mit Drahtseil, der rechts hinauf auf die „Falsche Grieskarscharte" führt. Nun über das dicht unter dem Grat auf der Grieskarseite eingelagerte Geröllfeld schräg links hinab, und etwa 20 m unterhalb der Grathöhe querend zur eigentlichen Grieskarscharte. ½ Std. Von hier auf R 450 über den gesicherten SW-Grat zur Alpspitze, ¾ Std., und auf R 448 zum Osterfeld, oder auf R 446 ins Oberkar und zum Kreuzeck, ½ Std., oder durchs Mathaisenkar ins Höllental, 3 Std.

● 453 **Höllentorkopf,** 2149 m

Der Eckpfeiler des nördl. Ausläufers der Alpspitze ragt als kühnes Horn über dem Höllental. Er bietet einen eindrucksvollen Blick auf das Höllental und seine Umrahmung sowie auf Alpspitze, Dreitorspitzgruppe und den Talkessel von Garmisch-Partenkirchen. Vom Höllentor mäßig schwierig (II), von N und W nur in sehr schwieriger Kletterei zugänglich.

● 454 **Vom Kreuzeck über das Höllentor**

20 Min. vom Höllentor, **II** (2 Stellen), I und Gehgelände. Steigspuren.

Vom Kreuzeck zum Höllentor (R 311, hierher von der Osterfelderbahn, R 133, in ¼ Std.). Von diesem auf der Höllentalseite wenige Meter abwärts, bis man rechts über Gras und Schrofen zu den Felsen aufsteigen kann. Auf bandartiger Rampe links zu einem Aufschwung. Über zwei Wandstufen in die rechts befindliche Scharte. Von ihr in der N-Flanke über ein Grasband in die nächste Scharte. Den folgenden Gratturm umgeht man südl., indem man etwa 10 m absteigt und auf einem Geröllband den Grat wieder erreicht. Von hier zum Gipfel.

Auf dem Luftbild sind der Blassengrat, das Gebiet der Alpspitze und das dazwischenliegende Grieskar gut auszumachen. Unten Stuiben mit seinem Weidegelände.

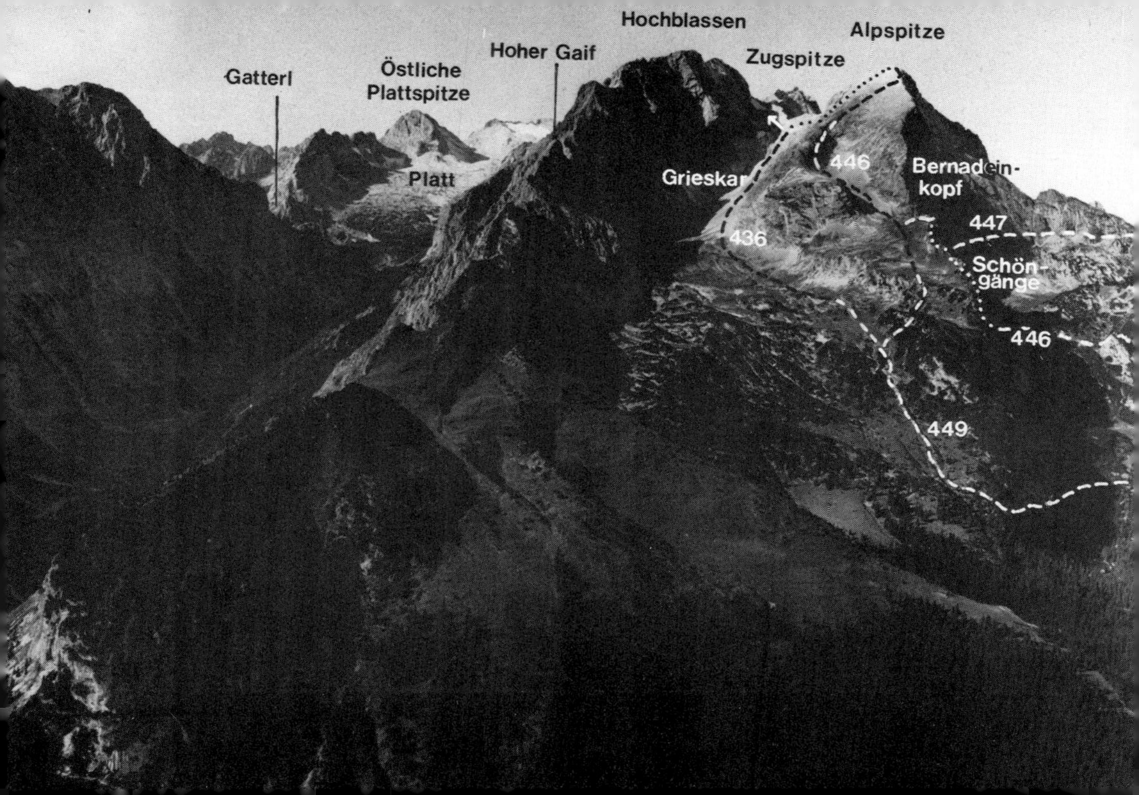

Hochblassen
Alpspitze
Zugspitze
Hoher Gaif
Östliche Plattspitze
Gatterl
Platt
Grieskar
446
Bernadein-kopf
447
436
Schön-gänge
446
449

4. Wettersteinkamm

● **460** Die Gipfel des Wettersteinkammes vom Gatterl bis zum Oberreintal sind schwer zugänglich und erfordern lange Anmärsche. An Stützpunkten stehen im S nur einige Almen, die Steinernen Hütteln, Rotmoosalm und Wangalm (R 266, 272 und 281), im N die Reintalangerhütte, R 225, und Oberreintalhütte, R 245, zur Verfügung. Wildromantische und einsame Kare sind in die N-Wände dieses Gebietsteiles eingeschnitten: die Kare „Im Fall" und „In der Jungfer", die beiden Hundsställe, das Oberreintal-, Scharnitz- und Schüsselkar.
Für den mittleren Teil, das Oberreintal und die Dreitorspitzgruppe, bilden Oberreintalhütte, R 245, Schachen, R 248, die hochgelegene Meilerhütte, R 258, und die Erinnerungshütte am Scharnitzjoch, R 265, günstige Stützpunkte. Das Gebiet der Oberreintal- und der Meilerhütte ist das eigentliche Kletterparadies der Gruppe, da es eine reiche Zahl leichterer bis schwierigster Klettereien mit kurzen Zugängen bietet. Langwieriger und seltener begangen sind die Touren im östl. Teil der Wettersteinwand. Dort stehen außer den Talorten keine Stützpunkte zur Verfügung.

● **461** **Kleiner Wanner,** 2547 m

Der Kleine Wanner ist der erste felsige Gipfel östl. des Zugspitzgatterls. Der zahme Hohe Kamm, 2375 m, der auf dem gewöhnlichen Anstieg zum Kleinen Wanner überschritten wird, kann als touristisch unwesentlicher Gipfel angesprochen werden. Der lange Gipfelgrat des Kleinen Wanners fällt mit 1000 m hoher Wand ins Reintal ab. Über den W-Grat ist er am leichtesten zu erreichen. Im N ist ihm ein durch eine tiefe Scharte vom Massiv getrennter kleiner Gipfel vorgelagert, der Wannerkopf, 2449 m.

● **462** **Über den Westgrat**
3—3½ Std. von der Knorrhütte, 2 Std. E, **II**.

Von der Knorrhütte, R 230, über das Gatterl zum Kothbachsattel. Hierher von Ehrwald 4½ Std., von Tillfuß 2½—3 Std. Vom Kothbachsattel ersteigt man nordw. über den mergeligen Rücken den Hohen Kamm und folgt der Kammlinie nach O bis dicht vor den gelbroten Grataufschwung des Kleinen Wanners. Der Aufschwung ist ungangbar. Man quert daher vorher nordw. in die NW-Flanke, wo man über Geschröf ansteigend den W-Grat gewinnt. Man folgt ihm über brüchigen Fels, bis er sich steil aufschwingt. Hier weicht

man, etwas absteigend, in die S-Flanke aus und erreicht in ihr erst eben, dann ansteigend, über Geröll und Platten wieder den Grat und kurz darauf den Gipfel.
Im Abstieg muß man den Hohen Kamm unbedingt bis zum Kothbachsattel überschreiten. Man lasse sich nicht verleiten, gleich nach W abzusteigen!

● **463** **Hochwanner,** 2744 m

Der Hochwanner ist der Hauptgipfel des westl. Wettersteinkammes und bietet eine großartige Aussicht. Von S her ist er leicht, aber mühsam zu erreichen, während seine 1400 m hohe N-Wand lange, zum Teil äußerst schwierige Anstiege aufweist.

● **464** **Von den Steinernen Hütteln**

2½ Std., **I.** Vom E in die Felsen ab infolge des vielen Gerölls sehr mühsam. Siehe Abb. S. 97.

Von den Steinernen Hütteln, R 281 (hierher auf R 282 oder R 283), auf dem S-Steig zum Mitterjöchel ½ Std. (R 315). Am begrünten Rücken entlang nordw. zu den Felsen. Etwa 40 Min. Neben ihnen über Geröll aufwärts zu dem Felsriegel, der den Zugang zum Hochwannerkar sperrt. Er wird durch eine etwa 30 m hohe Schrofenrinne erstiegen. Steinmann am E. Oberhalb auf Steigspuren rechts ins Hochwannerkar und gegen den Sattel zwischen Klein- und Hochwanner. Noch vorher auf deutlicher Spur ins Kar. Wo sie undeutlich wird, links aufwärts über Schutt und Platten in Richtung auf die immer wieder sichtbar werdende Gipfelstange.

● **465** **Vom Kothbachsattel**

4½ Std., **I.** Von der Knorrhütte nächster Zugang.

Vom Sattel (hierher von der Knorrhütte, R 230, über das Gatterl in 2 Std., von der Ehrwalder Alm, R 290, über das Feldernjöchl in 2½ Std.) nordw. und nordostw. aufwärts über den mergeligen Rücken des Hohen Kammes bis zum gelbroten Grataufschwung des Kleinen Wanners. Etwa ½ Std. Nun rechts unter den Wänden des Kleinen Wanner entlang über Rasen und Geröll zum Anschlußpunkt des vom Mitterjöchl heraufkommenden Rückens an die Felsen. ½ Std. Weiterweg auf R 464.
Im Abstieg quert man besser aus dem Hochwannerkar möglichst hoch unter der S-Wand des Kleinwanners durch zum Hohen Kamm und steigt der Kammlinie südwestw. (keinesfalls westw. hinunter!) zum Kothbachsattel ab, und wie R 462 zur Knorrhütte. 3 Std.

● 467 Hinterreintalschrofen, 2670 m

Der Hinterreintalschrofen ragt aus dem langen, wenig gegliederten Hauptteil des Kammes östl. des Hochwanners nur unbedeutend hervor. Nach N zweigt von ihm ein Grat ab, der das Jungfernkar vom Kleinen Hundsstall trennt und als selbständige Erhebung den Jungfernkarkopf trägt.

● 468 Von Süden
2½—3 Std. von der Rotmoosalm; **I.**

Im Abstieg beschrieben, da in dieser Richtung bedeutend schwerer zu finden.
Vom Gipfel über den W-Grat hinab, bis man leicht in östl. Richtung durch die teilweise begrünten S-Hänge bis über die zum Almboden abstürzenden Wände absteigen kann. Sie sind von vielen Rinnen durchzogen, die meist unten abbrechen. Wo die gutartige S-Flanke nach O zu schroffer wird, zieht eine ziemlich breite, oben gegabelte Rinne hinab, durch die der Abstieg führt. Man befindet sich hier östl. über dem durch mächtige Blöcke gekennzeichneten Anschlußpunkt des Schönberggrates ans Massiv. In der Rinne erst über Gras leicht hinab. Unterhalb einer glatten Platte quert man eben westw. hinaus in eine tiefe, nach W führende Geröllschlucht, von deren unterem Ende man durch einen Riß das Geschröf am Anschlußpunkt des Schönbergsattels erreicht.

● 470 Jungfernkarkopf, 2352 m

Dem Hauptkamm wenig westl. des Hinterreintalschrofens vorgelagerter kühner Felsgipfel in dem das Jungfernkar vom Kleinen Hundsstall trennenden Grat. Trotz seiner geringen Höhe ist der Jungfernkarkopf der schönste Kletterberg des hinteren Reintales. Die N-Anstiege sind großzügige, landschaftlich hervorragende Kletterfahrten.

● 471 Von der Jungfernkarscharte über den Südgrat
½ Std.; **II.**

Zur Scharte aus dem Kleinen Hundsstall, R 475. Von hier übersteigt man den nördl. gelegenen Buckel zu einem in seiner O-Seite begrünten Sattel. Der hier ansetzende S-Grat wird überklettert, nur der rote senkrechte Abbruch wird von W her genommen, worauf man bald den Gipfel erreicht.
Vom begrünten Sattel aus kann man leicht zum Hundsstall absteigen. Auch im Aufstieg aus dem Hundsstall kürzer gleich hierher.

● 473 Die Hundsställe

Die beiden einsamen Kare, die zwischen dem Jungfernkar und dem Oberreintal in die N-Wände des Wettersteinkammes eingelagert sind, verdienen als Ausgangspunkt für verschiedene Bergfahrten besondere Beachtung. Der Kleine Hundsstall ist durch den Jungfernkarkopf vom Jungfernkar (westl.) und durch den Kleinen-Hundsstallkopf-Gamsanger vom Großen Hundsstall (östl.) getrennt. Der Große Hundsstall wird seinerseits im O durch den Zundernkamm vom Oberreintal und -kar geschieden. Aus dem Großen Hundsstall, der durch einen Querriegel in eine untere latschenbewachsene und eine obere Terrasse getrennt ist, gabelt sich südöstl. ein kleines Hochkar ab, das sich zwischen Nordwestlichen und Mittleren Zundernkopf einspitzt. Beide Hundsställe stürzen ins Reintal mit praller Wand ab und sind von dort schwer zugänglich. Leichter erreicht man sie nur aus dem Oberreintalkar über die Große Hundsstallscharte und den Gamsanger zwischen Großem und Kleinem Hundsstall.

● 474 Kleiner Hundsstall

● 475 Aus dem Reintal

1½—2 Std.; **II**. Im Abstieg nicht leicht zu finden!

Am rechten (westl.) Fußpunkt der südl. der Blauen Gumpe aufsteigenden gewaltigen Wand des Jungfernkarkopfes befindet sich der E an der Spitze des riesigen Geröllkegels östl. der aus dem Jungfernkar kommenden Abflußrinne. Hier zieht sich, hinter einer Kulisse verborgen, eine tiefe Schlucht in das Berginnere. Bevor sie in den Berg mündet, erklettert man über ein Schrägband ihre nördl., etwa 5 m hohe Begrenzungswand. In der Wand verfolgt man ein plattiges Band etwa 8 m nach O und klettert über plattigen Fels etwa 15 m aufwärts auf die unterste Geröllterrasse des Jungfernkarkopfes. Man quert an ihrem oberen Rand über Schuttkegel und ein teilweise begrüntes Band nach O zum Eingang der Schlucht. Über ihren geröllbedeckten Grund gelangt man in einen ringsum von senkrechten Mauern umschlossenen Felskessel. (Landschaftlich hochinteressant.) Man verläßt ihn über eine Einsattelung nach O (links), quert erst etwa 25 m waagrecht, steigt dann 25 m gerade an, quert

Zur folgenden Doppelseite: Das Gebirgspanorama zeigt die Gipfel vom Musterstein bis zum Beginn des Teufelsgrates. Die Dreitorspitzen sind in der Wolkenbank.

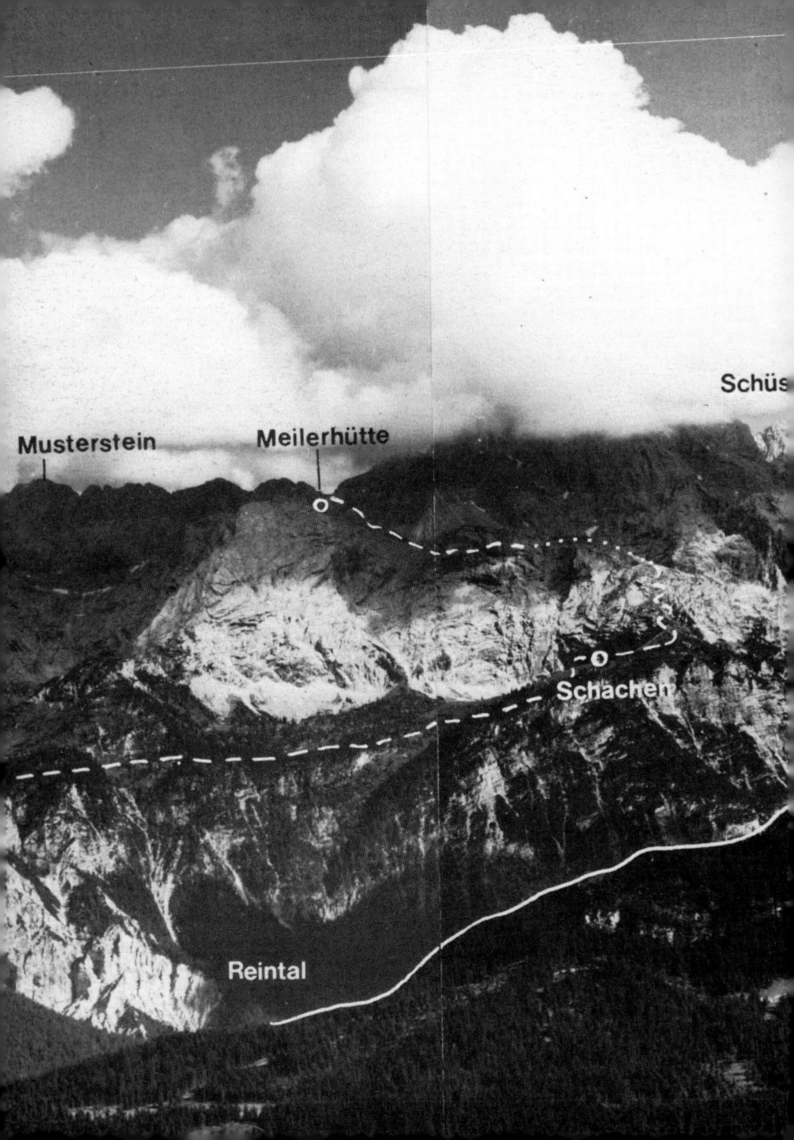
Musterstein
Meilerhütte
Schüs
Schachen
Reintal

Hundstallscharte
p.
Scharnitzsp.
Oberreinalschrofen
Östl.
Wangsch.
Westl.
Wangsch.
Hundstall
Stuibenkopf
Stuiben-
hütte
Oberreintal-
boden
Kreuzeckhaus

wieder waagrecht bis in die Latschen, durch die man (westl. der Abflußrinne nach S aufwärts) den latschenbedeckten unteren Boden des Kleinen Hundsstalls erreicht. Diese wird vom eigentlichen Kar durch eine niedrige Wandstufe getrennt, die am östl. Rand leicht überwunden wird. Schwieriger auch ganz rechts (westl.) im Winkel, den sie mit der NO-Wand des Jungfernkarkopfes bildet.

● 476 Übergang zum Großen Hundsstall
1—1½ Std.; **II.**

Über der Latschengrenze vermitteln schwierige Felsen den Anstieg zu dem Rücken, der den Kleinen Hundsstall östl. begrenzt. Erst gerade hinauf, dann durch Latschen und über Schutt südostw. zum Gamsanger und hart unter den Wänden entlang zur Kleinen Hundsstallscharte, die nicht unmittelbar unter den Kleinen Hundsstallkopf, sondern weiter nördl. zwischen zwei Felsrücken liegt, die auf der O-Seite latschenbewachsen sind. Jenseits über Schutt und Gras in den Großen Hundsstall hinab.

● 477 Großer Hundsstall

● 478 Von der Oberreintalhütte über die Große Hundsstallscharte
2 Std.; **I.** Gewöhnlicher Zugang.

Von der Oberreintalhütte (R 245) steigt man schräg rechts an durch Krummholz und über Geröll und erreicht so ein begrüntes schmales Band, das von rechts nach links über den untersten Absturz des Oberreintalkares leitet. Über Rasen und durch Latschen längs einer Schuttrinne empor ins Oberreintalkar. In ihm hinauf bis vom Zunderngrat nördl. des Nördlichen Zundernkopfes eine gras- und latschenbesetzte Felsrinne herabzieht, die unten abbricht. Links von ihr, von links nach rechts ansteigend, auf Steigspuren über Geschröf aufwärts, bis man schließlich durch eine begrünte Rinne zur Großen Hundsstallscharte, 2020 m, im Zundernkamm gelangt. Jenseits über Gras nach links hinab über einen kleinen Sattel und stets in gleicher Richtung weiter, bis man ziemlich weit unten eine Rippe nach links überschreitet, und damit die Schuttreiße erreicht, die auf die obere Terrasse des Großen Hundsstalls hinabführt.

● 480 Kleiner Hundsstallkopf, 2335 m

Der vom Teufelsgrat sich nördl. ablösende Grat, der die Hundsställe trennt, trägt einen doppelgipfligen Felszacken, den Kleinen Hundsstallkopf und seinen nördl. Vorgipfel. Der Besuch lohnt sich trotz des lehrreichen Überblicks über den zentralen Wettersteinkamm nur wenig.

● 481 Über den Südgrat
1 Std. vom Großen Hundsstall; **II.**

Aus dem westl. Teil des Großen Hundsstalls zieht eine auffallende rote, brüchige Rinne von N nach S ansteigend gegen die Scharte zwischen Kleinem Hundsstallkopf und Hauptkamm hinauf. Sie mündet auf Grasgelände. In gleicher Richtung weitersteigend erreicht man den Grat nördl. eines Zackens. Nun immer auf der O-Seite unterhalb des Grates zum Gipfel.

● 482 Großer Hundsstallkopf, 2533 m

Wenig ausgeprägter Gipfel im Hauptkamm, der nur als Knotenpunkt des Hauptkammes mit dem den Großen Hundsstall östl. begrenzenden Zundernkamm und als östl. Endpunkt des Teufelsgrates Beachtung verdient.

● 483 Von der Wangalm
2 Std.; **I.**

Von der Wangalm (R 266) auf dem Weg zum Scharnitzjoch (R 322) in den obersten Weidegrund. Hier mit Hilfe des S-Steiges (R 315) links auf den Roßbergsattel. Nun längs des begrünten Rückens rechts (nordw.) aufwärts zum Anschlußpunkt an die Felsen. Hier öffnet sich eine breite Kluft, die in den großen Trichter mündet, der senkrecht unter dem die Oberreintalscharte überragenden Teufelskopf liegt. Auf der westl. Begrenzungsrippe bis nahe an den Hauptgrat und dicht unter ihm einige mächtige Zacken auf Geschröf umgehend westw. zum Gipfel.
Der Teufelskopf, eine unbedeutende Graterhebung zwischen Oberreintalscharte und Großem Hundsstallkopf, kann mit 10 Min. Zeitaufwand leicht erstiegen werden.

● 484 Der Zundernkamm

Der Zundernkamm zweigt beim Großen Hundsstallkopf vom Hauptkamm nach N ab, das Oberreintalkar und den Oberreintalboden westl., den Großen Hundsstall östl. begrenzend. Beim unbedeutenden Südlichen Zundernkopf zweigt ein kleiner Seitengrat zum Nordwestlichen Zundernkopf, 2276 m, ab. Er schließt ein vom Großen Hundsstall abgegabeltes kleines Hochkar ein, das zu diesem in steilen Plattenlagen abfällt. Von der Gabelung nordw. trägt der Kamm zwei kühngeformte, turmartige Erhebungen, den Mittleren, 2264 m, und den Nördlichen Zundernkopf, 2173 m, deren Besteigung hübsche, zum Teil sehr schwierige Klettereien bietet. Der Nördliche Zundernkopf setzt mit turmbesetzter Schneide zur nördl. gelegenen Großen Hundsstallscharte, 2020 m, ab. Dann zieht der nun unbedeutende latschenbewachsene Kamm nordw. weiter und verliert sich in dem zum Reintal abstürzenden Gürtel senkrechter Wände.

● 485 **Oberreintalschrofen,** 2521 m

Die klotzige, trapezförmige Gestalt des Oberreintalschrofens fällt von allen Seiten, besonders aber von N ins Auge. Sein W-Grat schwingt sich aus der Oberreintalscharte gleichmäßig zum waagrechten Gipfelgrat auf. Von ihm senkt sich der O-Grat zur Westlichen Wangscharte. Nach N löst sich, etwa 100 m unterm Gipfel ansetzend, ein turmbesetzter Grat ab, der das Oberreintalkar vom Scharnitzkar trennt. Dieser Grat trägt, dem Gipfelmassiv zunächst, den sog. Vorgipfel, dann die drei Oberreintalköpfe. Der nördlichste und niedrigste, etwa 1940 m, ist der Oberreintalturm, von dem der Grat mit gewaltigem Abbruch zum Oberreintalboden absetzt. Der Oberreintalturm wirkt besonders imposant vom Oberreintalboden aus.

● 486 **Von der Wangalm**
1½ Std. E; **II.**

In dem unteren Teil der SW-Flanke liegt ein Geröllfeld eingebettet, das nächster Richtpunkt ist. — Wie bei R 483 auf dem Roßbergkamm aufwärts und an geeigneter Stelle über Schutt ostw. querend, an den Fuß der von der Oberreintalscharte herabziehenden Rinne. (E, 1 Std. von der Wangalm.) Man betritt die Rinne nicht, sondern steigt in einer anderen plattigen Rinne, die gegen rechts oben sichtbare gelbe Türmchen ansteigt, bis man sie nach rechts über begrünte Schrofen verlassen kann. So gelangt man in die schon von E aus erkennbare, von links nach rechts ansteigende Rinne, die oben auf das erwähnte Geröllfeld mündet.
Von hier benützt man besser nicht die vom Geröllfeld ausgehende plattige Schlucht, sondern quert nach links über Geröll und Gras zum Beginn einer Rinne, die zunächst noch durch eine Rippe verdeckt ist, und die weiter westl. hinaufzieht. In ihr empor zu einem schwach begrünten Sattel in ihrer östl. Begrenzungsrippe. Dann schräg rechts (ostw.) zu einem durch zwei Zacken gekennzeichneten Schartel einer Seitenrippe empor und jenseits durch eine 50 m lange Rinne zum Gipfelgrat zwischen dem westl. und dem Gipfelsteinmann.

● 488 Scharnitzspitze, 2461 m

Zwischen dem Oberreintalschrofen und der Schüsselkarspitze ihrer geringeren Höhe wegen weniger hervortretend, zeichnet sie sich durch ihren eleganten Aufbau aus. Die schöne dreigipfelige Berggestalt wird über den O- und W-Grat in anregender Kletterei (III— bzw. III) erstiegen. Nach S stürzt sie in praller Wand ab, während sich nach N der von den kühnen Schüsselkartürmen geschmückte Grat ablöst. Genaue Beschreibung siehe AVF Wettersteingebirge, Auflage 1984, R 1001 ff.

● 490 Schüsselkartürme

Oberer, etwa 2350 m, Unterer, etwa 2200 m

Zwei vom Oberreintal aus imposante Türme im Trennungsgrat zwischen Scharnitz- und Schüsselkar. Ihrer Besteigung kommt nur sportliche Bedeutung zu. Der Untere Schüsselkarturm hat zwei Erhebungen, von denen die südl. der eigentliche Gipfel ist. Genaue Beschreibung der Anstiege siehe AVF Wettersteingebirge, Auflage 1984, R 1021 ff.

● 492 Schüsselkarspitze, 2555 m

Von N gesehen ist die Schüsselkarspitze ein finsterer, im Hintergrund des Schüsselkars aufragender Kamm, dessen höchster Punkt infolge der starken Zerschartung wenig ausgeprägten Gipfelcharakter hat. Dem Beschauer der S-Flanke lassen die mauerglatten Wände keinen Zweifel über ihre Schwierigkeit. Der Gipfel ist auf allen Wegen sehr schwer zu erreichen. Die Durchstiege durch die S-Wand und die SO-Wand zählen zu den schwersten Kletterfahrten der Nördlichen Kalkalpen. 1978 wurde auf dem Gipfel als Geschenk des Lions-Club Garmisch-Partenkirchen mit Hilfe der Bundeswehr eine Biwakschachtel aufgestellt, die von der AV-S. Garmisch-Partenkirchen betreut wird. Genaue Beschreibung der Anstiege siehe AVF-Wettersteingebirge, Auflage 1984, R 1081 ff.

● 495 Gehrenspitze, 2382 m

Die dem Hauptkamm südl. der Leutascher Dreitorspitze vorgelagerte, durch den flachen grünen Sattel des Scharnitzjoches mit ihm verbundene Gehrenspitze gewährt einen sehr schönen Blick auf den Wettersteinkamm und nach S. Über den W-Grat ist sie leicht zu erreichen. Markiert. Die steile, etwa 500 m hohe N-Wand, mit der sie ins Puitental abfällt, weist verschiedene zum Teil sehr schwierige Durchstiege auf.

● 496 Über den Westgrat

1 Std. vom Scharnitzjoch; **I.**

Zunächst aus der Leutasch in 2½ Std. auf R 323 zum Scharnitzjoch. Nun auf dem südostw. streichenden grünen Kamm bis zum Gratansatz hinauf. Dann stets südl. unter dem Grat auf den jeweils höchsten Steigspuren überwiegend auf Gras bis zum höchsten Punkt.

● 498 Leutascher Dreitorspitze (Karlspitz), 2682 m

Östl. der Schüsselkarspitze biegt der Wettersteinkamm im Massiv der Leutascher Dreitorspitze aus seiner ostwestl. Richtung scharf nach N um, um erst vom Dreitorspitzgatterl weg wieder ostw. zu verlaufen. Das kurze, von N nach S ziehende Kammstück trägt die mächtigsten Gipfel des östl. Wettersteinkammes und stellt eine in sich geschlossene Berggruppe dar, die aus der dreigipfeligen Partenkirchner Dreitorspitze und aus der südlichsten höchsten Erhebung, der Leutascher Dreitorspitze besteht. Die beiden Erhebungen sind durch einen zersplitterten, fast waagrechten Grat verbunden, der sich als niedrige Felsmauer über dem Schutt des Leutascher Platts erhebt. Die Dreitorspitzgruppe bietet vor allem von W und N her, besonders vom Frauenalpl, einen überaus prächtigen Anblick. Ihre stolzen Gipfel, die zu den besuchtesten des Gebietes gehören, sind nur vom Leutascher Platt aus leicht zugänglich.
Die Leutascher Dreitorspitze gewährt als höchster Gipfel des östl. Wettersteinkammes einen instruktiven Überblick über das ganze Gebiet, sowie eine umfassende Fernsicht. Vom Leutascher Platt ist sie leicht zu erreichen.

● 499 Vom Leutascher Platt durch die Eisrinne

2 Std. von der Meilerhütte; unschwierig (I), wenn weicher Schnee in der Rinne. Sonst **II** (Stellen). Pickel bzw. Steigeisen oder Grödel mitnehmen. Siehe Abb. S. 165.

Von der Meilerhütte, R 258, auf dem H.-v.-Barth-Weg (R 510) auf das Leutascher Platt. Wo nach etwa 20 Min. der Weg gegen die Partenkirchener Dreitorspitze umbiegt, zweigt links ein Steig im Geröll ab, der über Schutt und Schnee im Bogen leicht ansteigend zum Beginn einer steilen Schneerinne führt, die in der Scharte hart nördl. des Gipfels auf den Grat mündet. Wenn kein Eis in der Rinne,

Das Gebiet um die Meilerhütte. Im Hintergrund links die Mieminger Kette, rechts das Zugspitzplatt. Der Aufstieg durch das Berglental ist gut zu sehen.

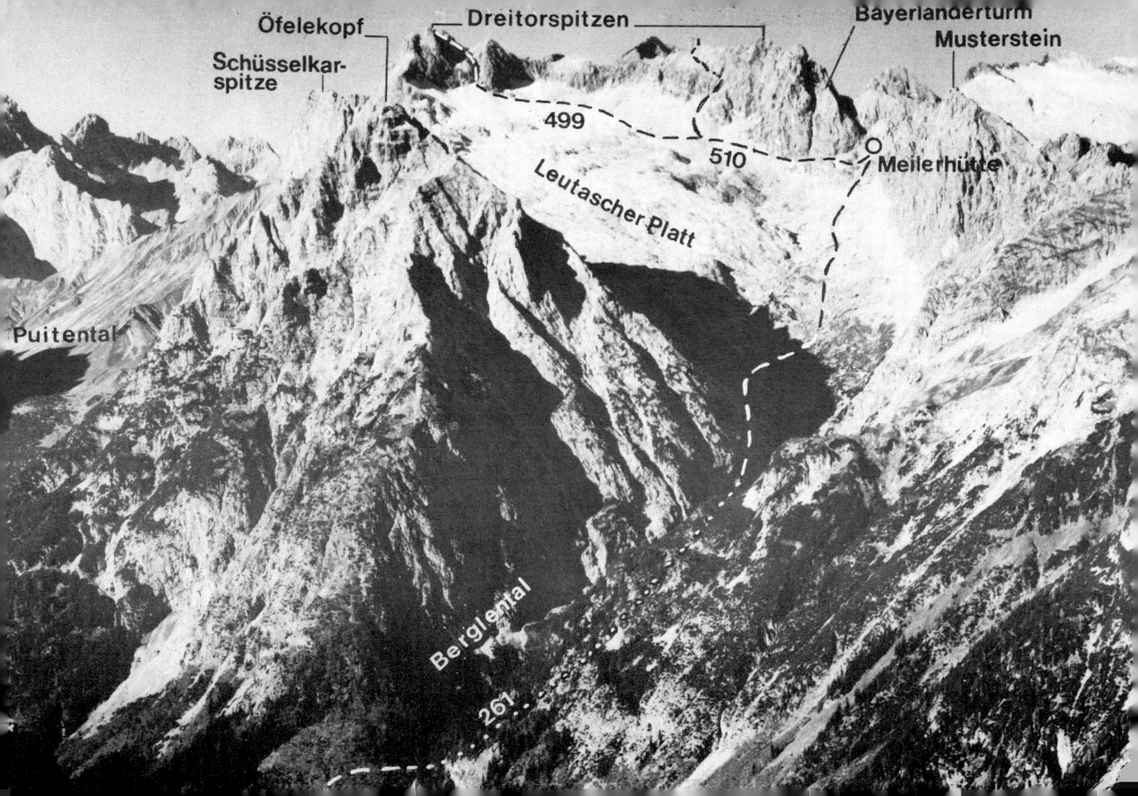
Öfelekopf
Dreitorspitzen
Bayerländerturm
Musterstein
Schüsselkar-
spitze
499
510
Meilerhütte
Leutascher Platt
Puitental
Berglental
261

ist ihre Begehung ohne Schwierigkeiten. (Im Abstieg Vorsicht und nicht abfahren!) Aus der Scharte in der O-Flanke des Grates zum Gipfel.
Ist die Schneerinne vereist, so empfiehlt sich folgende Umgehung: Am Fuß des Verbindungsgrates zwischen Partenkirchener und Leutascher Dreitorspitze ist unterhalb des niedrigsten Punktes ein Klamml eingeschnitten. Man steigt durch dieses (II) auf die oberhalb befindlichen Schutt- und Schrofenhänge und über sie zum Grat. Auf ihm wie R 501 zum Gipfel.

● 500 Aus dem Oberreintal über die Westflanke
4 Std. E; **II**. Orientierung schwierig.

E (wie Partenkirchener Dreitorspitze) am unteren Ende einer südl. hinter dem W-Grat des Oberen Berggeistturmes eingeschnittenen Schlucht. Über dem E hält man sich aber statt nach links, sobald das Gelände es erlaubt, nach rechts gegen das Massiv der Leutascher Dreitorspitze zu. Über steiles, plattiges Gelände erreicht man von einer schneebedeckten Mulde aus, schräg rechts aufwärts steigend, einen Seitengrat, der von einem großen roten Abbruch herabzieht. Jenseits desselben liegt ein kleines geröllgefülltes Hochkar, das an seinem unteren Ende in senkrechten Wänden gegen das Schüsselkar abbricht. Am linken Rand dieses Kars steigt man nun, den eben erreichten Seitengrat benützend, ein weites Stück aufwärts. Oben, in der Nähe der Schlußwände, wird das Kar nach rechts gequert, und man steigt gegen den rechten Begrenzungsgrat an. Durch Rinnen und auf Bändern bis in die Nähe seiner Schneide, an ihrer linken Seite noch ein Stück aufwärts, bis man den Grat selbst betreten kann und nach seiner Überquerung die Schuttrinne erreicht, die in die Scharte zwischen Vor- und Hauptgipfel leitet. In wenigen Min. südw. zum Gipfel.

● 501 Gratübergang von der Partenkirchener Dreitorspitze
1 Std.; **III** (eine Stelle) und II. Der Übergang ist schwieriger als der vom NO- zum W-Gipfel der Partenkirchener Dreitorspitze, daher weniger Geübten nur mit Führer anzuraten.

Vom W-Gipfel folgt man dem H.-v.-Barth-Weg (R 510), bis der zur Leutascher Dreitorspitze ziehende Grat abzweigt. Hier führt eine

Die Kletterroute führt von der Meilerhütte über die Signalkuppe (Vordergrund) auf den Nordostgipfel der Dreitorspitze.

Steigspur auf den Grat und bald wenig östl. unter ihm nach S, dann über den Grat auf die W-Seite und wieder auf die O-Seite zurück und waagrecht unter dem Grat entlang. Bis hierher fast immer Steigspuren. Nun folgen kurz nacheinander am Grat zwei teilweise überhängende, luftige Abbrüche: Der erste wird unmittelbar, der zweite in seiner O-Flanke durch einen Spalt überwunden. Bald nach einigen unmittelbar zu nehmenden Abbrüchen biegt man kurz in die W-Flanke aus (Steigspur), geht dann wieder auf die O-Seite über und gelangt in die Scharte vor dem steilen Aufschwung des Vorgipfels der Leutascher Dreitorspitze. Hier erst eben in die W-Flanke, dann über steile, schuttbedeckte Platten auf den Vorgipfel und jenseits leicht in die Scharte vor dem Hauptgipfel, wo von links R 499 heraufkommt. Noch kurz auf dem Grat, dann in der O-Flanke zum Gipfel.

● 503 **Öfelekopf,** 2479 m

Der O-Grat der Leutascher Dreitorspitze setzt da, wo der die hohen Gipfel tragende Hauptkamm nach N umbiegt, die bisherige Richtung des Wettersteinkammes fort. Die Kammlinie senkt sich hier sanft, nur nach S zu steil abfallend, über die Söllerköpfe zum Söllerpaß und schwingt sich dann zum zerklüfteten, selbständigen Felsbau des Öfelekopfes auf, einer besonders von der Meilerhütte und von Seefeld aus imponierenden Felsgestalt. Von den zwei Gipfeln ist der O-Gipfel der höhere. Die Anstiege sind alle nicht leicht. Sie erfordern einen geübten, sicheren Geher, da der Fels vielfach brüchig ist. Durch die S-Flanke ziehen schwierigste Anstiege.

● 504 **Westgipfel vom Leutascher Platt**
1½—2 Std. E.; **II**. Siehe Abb. S. 169.

Auf R 262 von Leutasch (2—2½ Std.) oder von der Meilerhütte (1 Std.) zu der Stelle, wo vom Massiv des W-Gipfels eine starke Rippe gegen das Platt vorspringt. Zwischen ihr und der Wand westl. ist eine tiefe, deutlich sichtbare Rinne eingeschnitten, die unten senkrecht abbricht. E rechts der Rinne durch einen steilen, plattigen Kamin, der durch eine vorspringende Seitenrippe und die Wand gebildet wird. Durch den Kamin auf die Seitenrippe, dann scharf links (ostw.) in eine Parallelrinne. In ihr empor, bis Steilwände wieder

Der Doppelgipfel des Öfelekopfes vom Westgipfel der Dreitorspitze aus gesehen. Im Hintergrund Hohe Tauern, Zillertaler Alpen und Tuxer Berge. Links das Karwendel.

Zillertaler Alpen
Gefrorene Wand
Fußstein
Öfele
Ostgipfel
Westgipfel
Olperer
Karwendel
Hohe Tauern
Arnspitz-gruppe
504

nach O drängen, wodurch man die eingangs erwähnte Rinne erreicht. Durch sie unschwierig auf eine Rippe, auf die die Rinne in einer kleinen rötlich gefärbten Scharte mündet. Nun steigt man schwach rechts über schwierigere Schrofen zu einem kleinen Geröllkessel an, aus dem man sich rechts (westw.) wendet und den W-Grat durch eine Rinne wenige Min. unter dem Gipfel erreicht.
Im Abstieg wählt man das erwähnte rötlich gefärbte Schärtchen, das vom Gipfel sichtbar ist, als Richtpunkt.

● 506 Partenkirchener Dreitorspitze

Von N, selbst vom Alpenvorland gesehen, der beherrschende Gipfel des östl. Wettersteinkammes. Der formschöne dreigipflige Berg gehört zu den besuchtesten des ganzen Gebietes. Fast alle Anstiege, vom leichtesten (H.-v.-Barth-Weg) bis zum schwierigsten, können nach ihrer Art dank des vorwiegend festen Gesteins als sehr genußreich bezeichnet werden. Die Überschreitung der drei Gipfel ist die beliebteste unter den leichteren Kletterfahrten des Wettersteins. Der gegenüber der Oberreintalhütte fußende und mit gewaltigem Schwung zum W-Gipfel hinaufziehende Grat ist der W-Grat. Sein unterster, sich durch pralle Wände auszeichnender Turm ist der Untere Berggeistturm. Der mächtige, schon vom Alpenvorland aus auffallende Grathöcker ist der Oberreintaldom. Vom W-Grat nördl. durch eine Schlucht abgespalten ist der NW-Grat, der oberhalb des Oberreintaldomes Anschluß an den W-Grat findet. An den NW-Grat nördl. angelehnt ist der N-Grat. Der dem W-Grat südl. vorgelagerte Turm ist der Obere Berggeistturm.

● 507 Nordostgipfel, 2606 m

● 508 Über die Signalkuppe

1¼—1½ Std. E; **IV** (1 Stelle), sonst II. Festes Gestein, prächtige, sehr beliebte Klettertour, Ungeübten jedoch nicht ohne Führer anzuraten. Siehe Abb. S. 171.

Von der Meilerhütte, R 258, wird erst der runde Felskamm der Signalkuppe überstiegen. Links der Gratkante auf grasigen Schrofen empor zum Grat. Dann auf die N-Seite (man kann auch am Grat bleiben) und auf Felsbändern unter dem Grat, bis das steiler werdende Gelände wieder auf ihn hinaufdrängt. (Überall Trittspuren.) Von der Signalkuppe nach links zur Einsattelung vor dem NO-Gipfel hin-

Die Dreitorspitzen mit dem Leutascher Platt.

Leutascher Dreitorspitze
NO-Gipf
Mittelgipf
W-Gipfel
Bayerländerturm
Söllerpaß
Signalkuppe
508
Westliche
Törlspitze
Meiler-
hütte
Frauenalpl
Angerlloch

ab. Der NO-Gipfel wird von einem östl. gelegenen, markanten Felsturm (höchster Punkt des O-Grates) durch eine tiefe Scharte getrennt. Zu ihr ziehen zwei schon von der Meilerhütte sichtbare Kamine hinauf. Der rechte, gekennzeichnet durch einen gewaltigen Klemmblock, muß durchstiegen werden.
Von der Einsattelung steigt man etwas rechts (südwestw.) ab und gelangt so an das Massiv des NO-Gipfels heran. Nun über steiles Geschröf gerade auf ein links aufwärts leitendes Band. Von ihm über gutgriffigen, aber steilen Fels in den erwähnten rechten Kamin. Über den glatten kleinen Klemmblock (IV) unter den großen Klemmblock. Hinter dem Klemmblock, nicht im Kamin weiter (!), sondern sofort links über ein senkrechtes Wandl auf die Trennungsrippe zwischen beiden Kaminen und in die nahe Scharte zwischen dem erwähnten Felsturm und dem Gipfel. Nun hart südl. der Gratkante in anregender, luftiger Kletterei zum Gipfel.

● 509 Westgipfel, 2634 m

● 510 Über den Hermann-von-Barth-Weg

1½ Std. von der Meilerhütte; **I.** Hervorragend gesicherter, hochalpiner Klettersteig. Siehe Abb. S. 165.

Von der Meilerhütte, R 258, führt der Hermann-von-Barth-Weg fallend an die Plattenabstürze des Bayerländerturms heran, deren untersten Teil er, mit Drahtseilen gesichert, quert. (Gedenktafel für Hermann von Barth.) Er senkt sich dann (Achtung auf die Bez.!) zum Schutt des Leutascher Platts und steigt im Geröll sogleich wieder an, um in zwei großen Kehren die von den Wänden des Mittel- und W-Gipfels herabziehende Sandreiße zu überwinden. Aus den Wänden tritt in Fallinie des Mittelgipfels ein schwach ausgeprägter Felssporn hervor, dem sich der Steig zuwendet. Bei einem großen Block mit deutlichen Farbflecken erreicht er die Felsen. ¾—1 Std. Über steile Schrofen und durch plattige Rinnen leiten die Sicherungen in allgemein gerader Richtung empor, bis man etwa 60—80 m unter der Grathöhe waagrecht nach links (südwestw.) quert. Hier leiten die Steigspuren über weniger geneigtes schuttbedecktes Geschröf links aufwärts auf den Verbindungsgrat der Leutascher Dreitorspitze, der kurz südl. des W-Gipfels betreten wird. Der hier deutliche Steig wendet sich in der O-Flanke rechts aufwärts und erreicht in einigen Kehren den Gipfel.

Dreitorspitzgruppe vom Schützensteig aus.

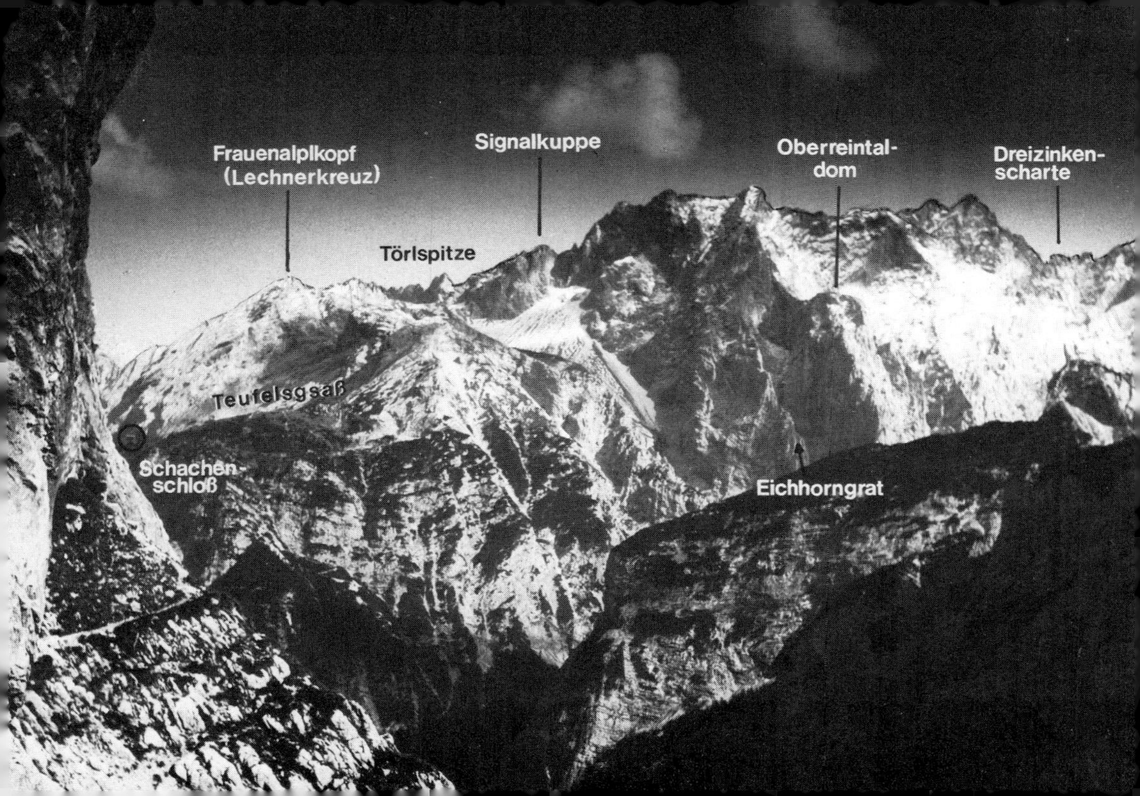
Frauenalplkopf
(Lechnerkreuz)
Törlspitze
Signalkuppe
Oberreintal-
dom
Dreizinken-
scharte
Teufelsgsaß
Schachen-
schloß
Eichhorngrat

Im Abstieg hält man sich von der Stelle, an der der Steig den Verbindungsgrat berührt, nach links (NO), bis man den Beginn der Drahtseile erreicht.

● 511 Übergang vom Nordost- über den Mittel- zum Westgipfel

1 Std.; **II**. Sehr beliebte, schöne Kletterfahrt, jedoch nur für Geübte.

Vom NO-Gipfel südw., anfangs auf Steigspuren, unter dem Grat, zuletzt auf schmalem Band, in die tiefste Scharte vor dem Mittelgipfel. Von der Scharte hält man sich ebenfalls erst links unterhalb des Grates (aber nicht zu tief!), dann rechts zum Mittelgipfel. ½ Std. Von hier ab ist der Grat etwas schwieriger. Man steigt erst über Schutt, dann durch einen kleinen Kamin hinab und nach links wieder zum Grat, der nun schmal und plattig (keine Steine in Bewegung setzen, da unterhalb der Hermann-von-Barth-Weg vorbeiführt) auf der Schneide bis zum Gipfel verfolgt wird. 35 Min.

● 513 Frauenalplkopf, 2352 m

Flache, breite Kuppe, die nördl. in Plattenwänden zur Schachenalm abbricht (fälschlich auch Schachenplatte genannt; diese liegt weiter westl.).

● 514 Vom Frauenalpl oder von der Meilerhütte

½ Std., unschwierig.

● 515 Frauenalplspitzen, 2373 m

Die Frauenalplspitzen entragen dem Frauenalpl südl. des Frauenalplkopfes.

● 516 Anstiege

Von N unschwierig. Schwieriger von S. ¾ Std.

Vom Frauenalplsattel (R 259) zur Südwestlichen (½ Std.) und über den scharfen Grat (III) zur Nordöstlichen Spitze.

● 518 Frauenalplhöhle

Gewaltiger Dom von 50—70 m Höhe und etwa 6000 qm Fläche. Die Höhle befindet sich in den Wänden, mit denen das Frauenalpl zum Oberreintal abbricht, fällt schon von der Oberreintalhütte aus auf und ist mit einem von dort sichtbaren Steinmann gekennzeichnet. Ihr Besuch lohnt sich bei einer Wetterlage, die größere Unternehmungen nicht ratsam erscheinen läßt.

● 519 Von der Oberreintalhütte
¾ Std.

Man steigt von der Hütte, sich über den Latschen des Oberreintales linkshaltend, durch die Rinne links der Fallinie der Höhle empor. Unter den Wänden rechts, an einer kleinen Höhle vorbei wieder nach links und ansteigend zur Höhle.

● 520 Törlspitzen und -türme
Westliche Törlspitze, 2427 m;
Östliche Törlspitze, 2443 m

Wenig hervorragende Erhebungen im Hauptkamm östl. des Dreitorspitzgatterls, die mit gewaltigen N-Wänden ins Angerlloch abstürzen. Törltürme, zwischen der Östl. Törlspitze und dem Musterstein, Besuch als Selbstzweck unlohnend.

● 521 Von der Meilerhütte
5 bzw. 20 Min.

Von der Meilerhütte bez. über Schutt in 5 Min. zur Westlichen und auf Steigspuren, jedoch nicht bez. in 20 Min. zur Östlichen Törlspitze.

● 523 Musterstein, 2478 m

Ziemlich selbständige Erhebung, die besonders von der Wettersteinalm aus mit ihrem turmbesetzten W-Grat imponiert. Nach der Dreitorspitze der am meisten besuchte Kletterberg des Meilerhüttengebietes. Besonders der W-Grat ist eine beliebte, aber schwierige und sehr genußreiche Kletterei. Von N über den Hirschbichlsattel führt der leichteste Zugang. N-Wand und S-Abstürze bieten eine Reihe von schwierigen und schwierigsten Anstiegen.

● 524 Von Norden über den Hirschbichlsattel
3 Std. von der Wettersteinalm; **I**, etwas mühsam.

Von der Wettersteinalm, R 255, zum Hochtal „In der Nadel“. Zwischen den Felsen des Hirschbichlkopfes links und des Frauenalplkopfes rechts zieht die plattige Hirschbichlschlucht empor. Unter Benutzung einer aus den Platten wenig hervortretenden Rippe, die von links her erreicht wird, ins Angerlloch und über Schutt nach O zum Sattel zwischen Hirschbichlkopf und Musterstein. Vom Sattel über geröllbedeckte Schrofen ostw. zu einer Schrofenrinne und, teilweise auf ihrer rechten Begrenzungsrippe, hinauf zu einem Geröllband, das rechts mit einem kleinen Gesimse abbricht. Vor ihm etwas links (östl.) aufwärts zu einem Seitengrat, von dem man die dem Musterstein nordöstl. vorgelagerte Geröllmulde übersieht. Man quert die Mulde ziemlich hoch und steigt unter den Wänden des östl. Vorgipfels auf einem Band nach W gegen die Scharte zwischen ihm und dem Gipfel an. Von der Scharte auf dem Grat westw. zum Gipfel.

● 525 Über den Westgrat

1½—2 Std. von der Meilerhütte; **III—** (einige Stellen), II und I. Festes Gestein, erfordert aber einen guten Kletterer; sehr luftig.

Von der Westl. Törlspitze (R 520 / 521) hält man sich auf deutlichen Steigspuren in der schuttbedeckten S-Flanke unter der Östlichen Törlspitze hindurch und erreicht den W-Grat durch ein Klamml in einer tiefen Scharte rechts (östl.) eines zur Scharte überhängend abbrechenden rötlichen Turmes. Nun über den Grat bis zu einem Abbruch. Hier über eine senkrechte Wandstelle wenige Meter nach S hinab und 2—3 m querend ostw. in eine kleine Seitengratscharte. Jenseits, ostw., in einem gut kletterbaren Plattenriß etwa 15 m hinunter in eine nach S offene Schuttrinne. Am besten steigt man nun etwa 10 m nach S ab und quert um einen kleinen Turm herum etwa 30 m ostw. Man gelangt so zu einer steil schräg rechts aufwärts ziehenden reitrißartigen Rinne. Durch sie zum Grat. Man verläßt ihn sofort wieder durch eine blockgefüllte Rinne nach N und quert luftig, aber an guten und festen Griffen in die nächste Scharte, die durch einen gekrümmten Zacken gekennzeichnet ist. Nun auf und neben dem Grat zum Gipfelsteinmann.

● 526 Drei Scharten, etwa 2300 m

Die Drei Scharten sind eine tiefe Kammeinsenkung zwischen Musterstein und Wettersteinwand. Vom Berglental aus erscheinen sie tatsächlich als drei dicht nebeneinander liegende Einschnitte. Von N, von Garmisch-Partenkirchen, fällt als tiefer viereckiger Einriß die Mittlere auf. Sie allein ist gangbar. Als eigentlicher Übergang sind die Drei Scharten ohne Bedeutung. Jedoch sind die Abstiegsmöglichkeiten nach S und N bei Witterungsumschlag wertvoll.

Der Musterstein-Westgrat. Der Hauptgipfel ist in Bildmitte erkennbar (Gipfelkreuz). Dahinter der Gratverlauf zur Wettersteinwand. Der im Geröll des Berglentales deutlich ausgetretene Pfad ist der obere Teil des Normalanstieges zur Meilerhütte.

● 527 Abstieg nach Süden
1 Std. zum Wandfuß, **I.**

Von der breiten Einsattelung erst gerade über Felsen, dann halbrechts abwärts auf die Steigspuren, die ungefähr an der Latschengrenze entlang ins Berglental leiten. Es wird ziemlich genau am Fußpunkt der SO-Wand des Mustersteins erreicht.

● 528 Abstieg nach Norden
1½ Std. zur Wettersteinalm; **II** (einige Stellen), überwiegend leichter, Drahtseilsicherungen.

Von der Scharte links (nordwestw.) über Geröll, Gras und Platten hinunter in das östl. des Hirschbichlkopfes eingebettete Schafkar. Das Kar nordw. abwärts. Nachdem eine steilere Stufe an seinem Ausgang mit Hilfe eines Seiles überwunden ist, gelangt man links (westw.) ohne Schwierigkeiten auf die obersten Weidegründe der Wettersteinalm.

● 530 Wettersteinwand, 2485 m

Die breite Felsmauer der Wettersteinwand mit ihren beiden wenig ausgeprägten Schulterpunkten, dem *Wettersteinkopf,* 2429 m, im W und der *Rotplattenspitze,* 2399 m, im O, wirkt von N gesehen eindrucksvoll. Von S ist sie leicht, aber mühsam zugänglich. Die N-Anstiege werden mangels günstiger Stützpunkte sehr selten ausgeführt.

● 531 Vom Berglental über die Südflanke
2½—3 Std. von der Meilerhütte, **I.**

Wie R 261 ins Berglental bis dahin, wo die S-Wände des Mustersteins nach O hin an Höhe verlieren und auf Geschröf absetzen. Von hier erscheint der Gipfel der Wettersteinwand als letzte sichtbare Erhebung im Hauptkamm. Vor (westl.) der vom Gipfel herabziehenden Gratrippe liegt eine große Mulde, die man durch Queren etwas über der Latschengrenze auf spärlichen Steigspuren erreicht. Aus der Mulde auf die erwähnte Rippe und über sie zum Gipfel.

● 532 Von Leutasch durch das Kar „Im Flecken“
5 Std.; **I**, sehr mühsam.

Die grüne Schrofenmulde des Kars liegt südöstl. unter der Rotplattenspitze und südwestl. unter der Oberen Wettersteinspitze eingebettet. Von Leutasch-Unterlochlehen ersteigt man den auffallenden, bewaldeten Schuttkegel, der unter einer deutlich sichtbaren klammartigen Felsrinne weit ins Tal vorspringt. Noch vor der Felsrinne wendet man sich rechts (ostw.) einem versteckten, schlechten Steig zu, der durch Latschen östl. der Rinne steil zur Karmulde hinaufführt. 2½ Std. In der Karmulde hält man sich gerade aufwärts und über den Grat westw. zur Rotplattspitze und weiter zur Wettersteinwand.

● 533 Von Norden
3 Std. E, **II**.

Vom Schachen, R 248, auf R 322 zum Kämisattel (nicht Kämitor). 1 Std. Von hier steigt man über Schrofen und Gras etwa 80 m empor und quert dann etwa 100 m fast eben auf luftigen Grasbändern in die hier hinaufziehende, breite, rinnendurchfurchte Wanddepression, durch die man, erst gerade, dann links ansteigend, zu einer schuttbedeckten Rippe gelangt. Über die Rippe erreicht man den Gipfelgrat östl. des höchsten Punktes.
Im Abstieg benützt man die erste östl. vom Gipfel ansetzende Rippe. Zwei rechts unten sichtbare Karmulden bleiben besser rechts liegen. In Höhe der unteren beginnt der lange Quergang nach links abwärts.

● 535 Obere Wettersteinspitze, 2297 m

Wenig aus dem Kamm hervorragende Erhebung, gekennzeichnet durch den etwa 200 m hohen Absenker, mit dem sie östl. zur Unteren Wettersteinspitze absetzt.

● 536 Durch das Kar „Im Flecken"
4 Std. von Leutasch; **I**, mühsam.

Wie bei R 532 ins Kar. Man strebt, sich möglichst tief haltend, scharf ostw., mehrere sich von der „Weißen Wand" ablösende Rippen querend, dem vom Gipfel südw. streichenden Rücken zu. Auf ihm über üppige Grasterrassen und gutgestuften Fels zum Gipfel.

● 537 Von Norden über den Gamsanger
4½ Std. vom Tal; **I**, bez.

Wo der Franzosensteig (R 327) an der Landesgrenze ostw. wendet, einem Ww. folgend westw. und in Kehren durch Wald in das unter der Oberen Wettersteinspitze nordöstl. eingebettete Kar. Aus ihm in Windungen durch den schrofigen Steilabfall auf den grünen Sattel des Gamsangers und von ihm durch Schrofenrinnen (I) und über Geröll zum Gipfel.

● 539 **Untere Wettersteinspitze,** 2151 m

Dieser östl. felsige Eckpunkt des Wettersteinkammes fällt mit praller Wand nach O ab und wirkt besonders eindrucksvoll von Mittenwald aus.

● 540 **Von Leutasch durch das Kar „Im Flecken"**

5 Std.; **II** (Stellen), überwiegend I; sehr mühsam und lang.

Der beste Zugang von Leutasch ist der von R 541. Wie bei R 532 ins Kar „Im Flecken" und auf den von der Oberen Wettersteinspitze herabziehenden Rücken. Jenseits auf spärlichen Steigspuren tief in eine Mulde hinab. Mehrere Rinnen querend hält man sich wieder ostw. aufwärts durch Krummholz und über steiles Gras dicht an den Fuß der Kante der Unteren Wettersteinspitze. Durch eine Felsschlucht mit linksseitigem Ausweichen anstrengend empor, bis man die Kammhöhe nach O hin über Rasenpolster erreicht. Westw. entlang zum Gipfel.

● 541 **Von Osten**

2 Std. von der Schanz, 4½ Std. von Mittenwald, 3 Std. von Unterleutasch; **II** (Stellen), überwiegend I und Gehgelände.

Von Mittenwald oder Unterleutasch über den Franzosensteig, R 327, zu dessen höchstem Punkt. Von hier folgt man möglichst der Kammlinie erst durch Wald, dann durch Latschen auf die freien Hänge unter dem Vorbau der Wettersteinspitze. Man wendet sich nun der Sandreiße zu, die unter dem O-Fuß der Unteren Wettersteinspitze herabzieht und oben in eine plattige Schlucht zwischen ihr und einem südl. Vorkopf übergeht. Man durchsteigt die Schlucht (II, schwieriger über die rechte Begrenzungswand) und gelangt auf den vom Gipfel südw. streichenden Grat. Auf ihm westw. in wenigen Min. zum Gipfel. 1 Std. vom Betreten der Schlucht.
Im Abstieg darf man den Übergang über die S-Rippe in die Schlucht nicht verpassen. Man verfolge daher nicht zu lange die nach S hinabführenden verlockenden Rinnen!

Die Untere Wettersteinspitze ist der östliche Eckpfeiler des Wettersteinkammes. Über den Gamsanger führt der Aufstieg auf die Obere Wettersteinspitze. Vor dem Auftrieb in die Berge grasen die Schafe noch über die am Wege liegenden Talweideflächen.

Wettersteinspitze
Untere
Obere
Gamsanger

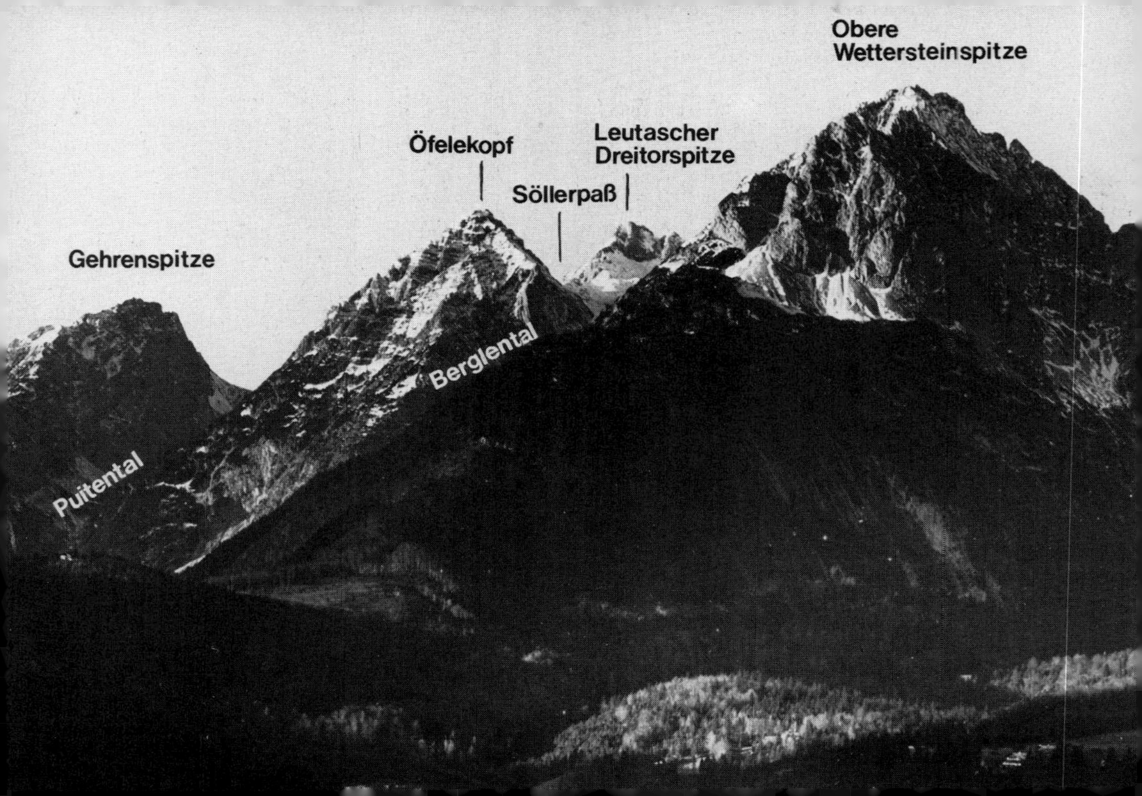
Obere
Wettersteinspitze
Öfelekopf
Leutascher
Dreitorspitze
Söllerpaß
Gehrenspitze
Berglental
Puitental

● 542 **Über die Nordwand**
1¼ Std. aus dem Kar östl. unterm Gamsanger; **II.**

Auf dem Weg zur Oberen Wettersteinspitze über den Gamsanger (R 537) in das Kar unter diesem. Vom Kar aus hält man sich rechts einer Schlucht und erreicht in ihrer Fortsetzung eine nach N vorspringende Rippe, die das Kar östl. begrenzt. Auf ihr zum Gipfel.

5. Arnstock

● 545 Der Zug der Arnspitzen wird im W und N vom Leutaschtal, im O vom Isartal und im S vom Satteltal begrenzt. Er hat drei stattliche Felsgipfel: Die Große Arnspitze oder Vordere Arnspitze, 2195 m, als nordöstlichste und höchste Erhebung; die Mittlere Arnspitze oder Arnkopf, 2091 m, einen kühnen, gescharteten Felszahn; und die Arnplattenspitze (Hintere Arnspitze, Arnsteinspitze), 2170 m Ausgangspunkt für die Besteigung sind Scharnitz, Mittenwald und Leutasch (Mühle und Arn). Die Aussicht von den Arnspitzen ist dank ihrer freien Lage sehr schön. Die Ersteigung der Großen Arnspitze ist durch eine Weganlage und eine ostsüdöstl. unter dem Gipfel liegende, private Unterstandshütte erleichtert. Die Überschreitung der drei Spitzen von O nach W ist für geübte und ausdauernde Bergsteiger eine sehr genußvolle Bergfahrt.

● 546 **Große Arnspitze,** 2195 m

● 547 **Von Unterleutasch oder Mittenwald über die Riedbergscharte,** 1450 m (R 328)
Unterleutasch — Große Arnspitze 3½—4 Std.; Mittenwald — Große Arnspitze 4—4½ Std.; **I** (Stellen); letztes Wasser etwas unterhalb der Riedbergscharte auf der Leutascher Seite. Bez.

Von der Scharte auf dem AV-Weg in steilen Serpentinen auf den Rücken und über die Achterköpfe, zuletzt in der O-Flanke des Kammes und der Großen Arnspitze zur Arnspitzhütte (R 295, 1955 m). Von ihr leitet ein Pfad westl. zu einem begrünten Sattel im breiten SO-Grat und an diesem, rot bez., über Schrofen und Geröll zum Gipfel. Von diesem in leichter Kletterei (I) hinüber zu dem nur wenige Meter niedrigeren N-Gipfel mit Kreuz.

Gehrenspitze, Öfelekopf und die Wettersteinspitzen sind markante Erhebungen vom Kranzberg her. Durch die Wälder über den Felsen führt der Franzosensteig vom Ferchensee in die Leutasch.

● 548 Von Leutasch-Arn über den Hohen Sattel (R 329)
4 Std., **I** (Stellen).

Vom Sattel zunächst eben dem Ww. folgend in Richtung NO an einer Hütte vorbei, nun immer der blauen Markierung folgend ansteigend zunächst durch Wald, dann über Geröll und Schrofen in der S-Flanke der Mittleren und der Großen Arnspitze (bei sonnigem Wetter daher sehr frühzeitiger Aufbruch zu empfehlen!). Zuletzt über eine Scharte im breiten SO-Grat der Großen Arnspitze und wenige Meter hinunter zur Arnspitzhütte. Weiter auf R 547 zum Gipfel.

● 549 Mittlere Arnspitze, 2091 m

● 550 Übergang von der Großen Arnspitze
1 Std.; **II**, keine Steiganlage, nicht bez.

Von der Großen Arnspitze in Richtung auf die Mittlere über einige Felsen hinab auf einen Sattel und auf und neben dem Grat ohne Schwierigkeiten an den Aufschwung der Mittleren Arnspitze heran. Über ein bösartig aussehendes Dach an guten Griffen nach links (südw.) auf eine abfallende begrünte Terrasse. Von ihr, über SO auf gut gestuftem Fels zum Grat und über seine steilen Absätze zum Gipfel.
Beim Abstieg und späterem Übergang zur Großen Arnspitze bis zur späteren Einsattelung zwischen der Mittleren Arnspitze und Arnplattenspitze (Hintere Arnspitze). Eine bereits vorher nach N zwischen Gipfel und Grat anfänglich harmlos erscheinende Rinne soll nicht begangen werden. Im unteren Teil stark abfallend.
Bei Überschreitung der drei Arnspitzen kann der Mittelgipfel auf einem Gamswechsel der N-Seite leicht umgangen werden.

● 551 Arnplattenspitze (Hintere Arnspitze), 2170 m

Der sowohl von O als auch von W imponierende Felsturm ist in hübscher Kletterei unschwer zu erreichen.

● 552 Über den Nordostgrat
½—¾ Std. von der Großen Arnspitze; **II.**

Von der Einschartung westl. der Mittleren Arnspitze durch Latschen zu dem in der unteren Hälfte latschenbewachsenen NO-Grat und über ihn an der Kante zu einem Absatz, von dem sich der Gipfel

Der Arnstock mit seinen drei Gipfeln.

Arnplattenspitze
Mittlere Arnspitze
Grosse Arnspitze

in Plattenschüssen aufschwingt. Über ein schmales begrüntes Band von rechts nach links in eine Plattenrinne, die, weiter oben rißartig verengt, unmittelbar zum Gipfel leitet.

● 553 Vom Hohen Sattel

2 Std. vom Hohen Sattel, R 329; **II** (Stellen), I und Gehgelände. Rot bez. und teilweise gesicherter Steig bis zum Gipfel, nur für Geübte.

Man verläßt den Hohen Sattel beim Ww. zu den Arnköpfen, steigt zunächst in einer schmalen Waldschneise aufwärts zu einem kleinen Boden und trifft bald etwas oberhalb im Hochwald einen Felsklotz mit Steinmann. Hier links hinüber, wo eine Latschenzunge nach oben zieht, die beiderseits von Geröllreißen begleitet wird. In der Latschenzunge, anfangs auf einem Steiglein, aufwärts, bis sie sich hoch oben unter einem Felsgürtel im Geröll verliert. Hier in langem Quergang rechts hinüber und um eine felsige Ecke in eine vom Grat herunterkommende Mulde. In ihr und an ihrer rechten Begrenzung empor, zum Schluß auf Steigspuren von rechts nach links zu einer Einsenkung im Grat. Nun links in einigen Min. zum Arnkopf oder rechts in ½ Std. zuletzt in unschwieriger Kletterei (II und leichter) zum Gipfel der Hinteren Arnspitze.
Für den Abstieg: Man quert von der „felsigen Ecke“ so lange nach rechts, bis man längs der Geröllreißen und Latschenstreifen einen zusammenhängenden Überblick bis zum Wald erhält. Mehr oder weniger mühsam hinunter und durch den Hochwald zum Hohen Sattel. Bei Nebel sehr schwer zu finden.

6. Wamberger Rücken und Kranzberg

● 555 Wamberger Rücken

Der Wamberger Rücken ist das nordöstl. Anhängsel des Wettersteingebirges. Mit seiner geringen Scheitelhöhe von 1100 bis 1285 m (Wamberger Höhe) fällt er durch seinen ausgesprochenen Mittelgebirgscharakter aus dem Hochgebirgsrahmen des Wettersteins heraus. Den östl. Teil des Wettersteinhauptkammes nördl. begleitend, bietet er prachtvolle Blicke und zahlreiche, mühelose Wanderungen.

● 556 Kranzberg

Der Kranzberg, dem Wetterstein nördl. und östl. vorgelagerter Hügelkomplex, unterscheidet sich wesentlich vom übrigen Aufbau des

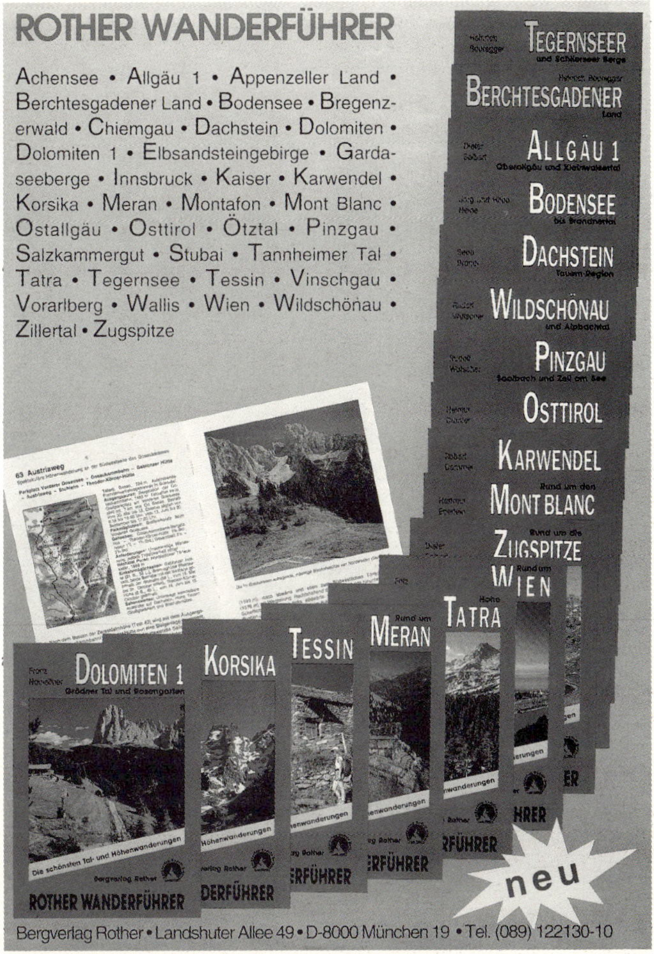
ROTHER WANDERFÜHRER
Achensee • Allgäu 1 • Appenzeller Land • Berchtesgadener Land • Bodensee • Bregenzerwald • Chiemgau • Dachstein • Dolomiten • Dolomiten 1 • Elbsandsteingebirge • Gardaseeberge • Innsbruck • Kaiser • Karwendel • Korsika • Meran • Montafon • Mont Blanc • Ostallgäu • Osttirol • Ötztal • Pinzgau • Salzkammergut • Stubai • Tannheimer Tal • Tatra • Tegernsee • Tessin • Vinschgau • Vorarlberg • Wallis • Wien • Wildschönau • Zillertal • Zugspitze
TEGERNSEER
BERCHTESGADENER
ALLGÄU 1
BODENSEE
DACHSTEIN
WILDSCHÖNAU
PINZGAU
OSTTIROL
KARWENDEL
MONT BLANC
ZUGSPITZE
WIEN
TATRA
MERAN
TESSIN
KORSIKA
DOLOMITEN 1
Grödner Tal und Rosengarten
Die schönsten Tal- und Höhenwanderungen
Bergverlag Rother
ROTHER WANDERFÜHRER
neu
Bergverlag Rother • Landshuter Allee 49 • D-8000 München 19 • Tel. (089) 122130-10

Gebirges. Er ist der einzige Teil, der den Ketten- oder Rückencharakter nicht so ausgeprägt aufweist. Nach N fallen seine bewaldeten Kuppen hinunter zum Lauter- und Ferchensee, gegen Elmau und das Tälchen, das von diesem nach Klais zieht. Nach NO verebben sie baumfrei in sanfter Neigung in Form der Buckelwiesen gegen den Barmsee und Krün. Nur nach S, gegen Mittenwald, sind die Abhänge manchmal etwas steiler.

● 557 Partnachklamm

Von der Haltestelle des Ortsomnibusses am Skistadion an der Partnach entlang und am Ghs. Wildenau vorbei zum Klammeingang, 20 Min. Der Klammweg führt bequem durch die interessante, manchmal nur wenige Meter breite Schlucht, immer über der tosenden Partnach entlang. Die Klamm ist 700 m lang, ihre Wände 70 m tief eingeschnitten. Im Winter sehenswerte Eisbildung. Jedoch ist dann die Klamm bei warmem Wetter und zur Zeit der Eisschmelze wegen der herabfallenden Eistrümmer zeitweise nicht gangbar. Auch die Partnachklamm wurde durch die AV-S. Garmisch-Partenkirchen für Wanderer erschlossen. Eintrittsgebühr. Mitglieder des AV haben ermäßigten Eintritt.

● 558 Vordergraseck, 891 m

Die Siedlung Vordergraseck liegt auf einer Terrasse rund 150 m über dem Eingang zur Partnachklamm. Es bietet sich hier eine prachtvolle Sicht auf die Berge des Oberreintals und besonders die Dreitorspitzgruppe. 2 Ghs.

● 559 Mit der Graseck-Schwebebahn (R 138).

● 560 Von der Wildenau
20 Min.

Entweder auf dem Fahrweg oder neben ihm in Kehren auf dem Fußpfad.

● 561 Vom Unteren Klammweg
½ Std., bez.

Vom Unteren Klammweg kurz nach dem oberen Ausgang der Partnachklamm (R 557) links ab (Ww.) und, meist durch Wald, nach Vordergraseck.

Ein Besuch der Partnachklamm (Nähe Skistadion) ist immer lohnend.

● 562 Auf dem Oberen Klammweg
¾ Std. von der Wildenau.

Unmittelbar vor dem unteren Klammeingang über den Steg auf das jenseitige Ufer. Auf dem mit Geländer versehenen Steig zur eisernen Brücke, die 68 m über der Sohle der Partnach die Klamm überbrückt und einen interessanten Tiefblick gewährt. Jenseits rasch nach Vordergraseck. Vor der oberen Klammbrücke Ww. rechts zur Partnachalm und zum Reintalbauer.

● 563 Von Vordergraseck nach Elmau
1½—2 Std. Umgekehrt ebenso. In beiden Richtungen lohnend.

Von Vordergraseck südl. bergan, links in das Ferchenbachtal und oberhalb der Einöde Mittergraseck nach Hintergraseck. Ghs. Etwa ¾ Std. Von Hintergraseck weiter talein. Der Weg überschreitet den Bach, übersteigt einen Riegel und erreicht Elmau beim Ghs.

● 565 Eckbauer, 1237 m

Der westl. Eckpfeiler des Wamberger Rückens. Baumfreie Kuppe mit ungewöhnlich eindrucksvoller und weitreichender Aussicht: Waxensteinkamm, Zugspitze, Alpspitze, Wettersteinhauptkamm vom Hochwanner über die Dreitorspitzen bis zur Unteren Wettersteinspitze bei Mittenwald. Über den letzten Ausläufern erscheinen die Gipfel der Nördlichen Karwendelkette, im O die Soiern und die Berge um den Walchensee, anschließend die Krottenkopfgruppe mit dem Wank, das Loisachtal, die Ammergauer Berge mit dem Kramer, ganz im Hintergrund die Hörner der Tannheimer Gruppe. Die Planseeberge schließen den Reigen. Der Eckbauer hat verschiedene Aufstiegsmöglichkeiten, er ist aber auch Aus- und Durchgangspunkt für zahlreiche andere Wanderungen auf dem Wamberger Rücken. Ausgezeichnetes, gj. bew. Ghs., auch für längeren Aufenthalt geeignet.

● 566 Mit der Bergbahn vom Skistadion (R 136).

● 567 Über Vordergraseck
2 Std. vom Tal; bez.

Vom Ziehweg Vordergraseck — Elmau bei der scharfen Biegung ins Ferchenbachtal auf bez. Weg links (Ww.) ab und in Kehren, meist in Nähe der Fernsprechleitung, erst über freie Hänge, dann durch schönen Hochwald zum Eckbauern. 1 Std. von Vordergraseck.

● 568 Über die Schönau
1 Std. vom Tal, bez.

Zwischen Skistadion und Schwimmbad dem Ww. folgend und in Kehren durch Gebüsch in die Wiesenmulde der Schönau. Jenseits durch einen Graben, über freie Hänge in den Einschnitt des Eselgrabens und durch Wald auf den Eckbauerrücken. Nun rechts, wieder über freies Gelände zum höchsten Punkt und etwas abwärts zum Ghs. Kürzer als R 367.

● 569 Abstieg nach Wamberg
½—¾ Std., bez.

Der Weg beginnt unmittelbar beim Ghs. Er führt meist auf der S-Seite, teilweise auf dem Rücken selbst ostw. in einen Einschnitt, wo er auf die Wiesenhänge übertritt, die nordw. bis zum Ort hinunterleiten. Abstieg von Wamberg nach Kainzenbach siehe R 374, Abstieg nach Kaltenbrunn siehe R 375.

● 570 Eckbauer — Elmau
1½ Std. vom Eckbauern. In umgekehrter Richtung 2 Std. Man achte dabei darauf, den Ww. zum Eckbauern vor Hintergraseck nicht zu übersehen!

Vom Eckbauern auf dem Wamberger Ziehweg, bis nach etwa ¼ Std. eine Wegtafel rechts nach Elmau weist. Der Steig senkt sich durch das Wamberger Tal hinunter auf den Ziehweg von Hintergraseck (R 563), der ungefähr halbwegs zwischen Hintergraseck und Elmau erreicht wird. Auf ihm links nach Elmau.

● 571 Vom Eckbauern über das Brünstwankel nach Elmau
1½ Std., bez.

Vom Eckbauern auf dem Wamberger Ziehweg (R 569) zu dem Sattel, wo er auf die N-Seite überwechselt. Etwa 20 Min. Im Sattel Wegteilung. Man hält sich rechts (Ww., bez.) und erreicht, anfangs leicht steigend, dann eben, eine Stelle mit Ausblick nach O. Hier scharf rechts und durch schönen Hochwald zum Wamberger Sattel. ½ Std. vom Eckbauern. (Prachtvoller Ausblick auf Wetterstein und Karwendel.) Nunmehr auf der S-Seite hinab zur freien Fläche des Brünstwankels. Vom linken unteren Ende auf einem Ziehweg schattig zum Talboden von Elmau. Wo der Ziehweg den Wald verläßt, schrumpft er zu einem Fußpfad zusammen, der zum Fahrweg nach Elmau führt. Auf ihm in wenigen Min. zum Ziel.

● 572 Eckbauer — Elmauer Alm
1½ Std. in beiden Richtungen; bez.

Man benützt vom Eckbauernweg den Weg, der über das Brünstwankel nach Elmau führt (R 571). Wo er sich nach S zu senken beginnt, hält man sich links.
Genau auf die Markierung achtend gelangt man durch einen kurzen Schluf durch Jungwald wieder auf freies Gelände. Am rechten oberen Ende des freien Hanges beginnt die breite Schneise, die, sich meist längs des Rückens haltend und mit riesigen Ahornen geschmückt, ostw. zieht. Zuletzt links, wiederum durch eine Waldgasse zur Wamberger Höhe. Kurz vorher kommt von links der Weg von Wamberg (R 392) herauf. Nun auf die Markierung achtend durch Wald, durch eine Einzäunung und links über die freien Hänge zur Elmauer Alm. 1½ Std. Umgekehrt ebenso.

● 573 Wamberg, 996 m

Höchstgelegenes Dorf Deutschlands. Ghs.

● 574 Von Kainzenbad
1 Std.

Auf und neben einem Ziehweg, der zum Teil ziemlich steil durch Waldstücke und freie Wiesenhänge zum Ort führt.

● 575 Von Kaltenbrunn
¾ Std., bequemer als R 374.

Von der Station Kaltenbrunn der Mittenwaldbahn. Vom Bhf. wenige Min. auf der Straße gegen Partenkirchen. Bald zweigt links der Fahrweg ab, der erst durch Wiesen, dann durch Wald, unterhalb des Rappenschrofens vorbei, zum Schluß durch ein Tälchen nach Wamberg führt.

● 576 Wamberg — Elmauer Alm
1½ Std. von Wamberg. In umgekehrter Richtung etwas kürzer.

Der eindrucksvolle Eckbauerblick vom Hochwanner bis zur Zugspitze ist nur ein Teil der ganzen Rundschau. Die Alpspitze zeigt von hier ihre formschönste Seite.

Hochwanner
Hoher Gaif
Blassengrat
Zugspitze
Gaifgrat
Reintal
Kreuz-
joch
Stuiben
Hochalm
Bodenlahntal

Beim Ghs. in Wamberg links eines Hohlweges südl. aufwärts. Sobald sich das Gelände verflacht, links und auf unverlierbarem Ziehweg in sanfter Steigung über freie Hänge und durch Waldstücke, einmal an einer Forstamtshütte vorbei, zur Wamberger Höhe. 1 Std. Von hier auf R 572 zur Elmauer Alm.

● 578 **Hirzeneck,** 1184 m

Das Hirzeneck ist die höchste Erhebung des Wamberger Rückens östl. der Elmauer Alm. Infolge seiner isolierten Lage bietet es eine ganz prächtige Aussicht. Zum Blick auf Wetterstein, Karwendel und Estergebirge kommt noch die Aussicht nach O auf die Soiernberge, Klais, Krün und Wallgau, sowie die Isar.

● 579 Von Klais
1¼ Std., bez.

Vom Bhf. etwa 10 Min. auf dem Elmauer Sträßchen. Bei Ww. zum Hirzeneck rechts ab. Man benützt einen sanft und vielfach durch Wald ansteigenden Ziehweg, bei Abzweigungen sich immer an den ausgeprägtesten haltend. Nach einiger Zeit bringt er über einen niedrigen Rücken auf eine sumpfige Wiese. Jenseits hinauf zum Hauptrücken, der etwas westl. „Am Berg" erreicht wird. An ihm entlang rasch zum Hirzeneck.

● 580 Von Schloß Kranzbach
¾ Std.

Man benützt zunächst den Weg vom Schloß zur Elmauer Alm (R 588). Noch bevor er den dort genannten waldigen Graben quert, bei einer Wegteilung rechts ab. Bald verschmälert sich der anfängliche Ziehweg zu einem Wiesenpfad, der über die Wiesen zum höchsten Punkt bringt.

● 581 Von der Elmauer Alm
¾ Std.

Eine eigentliche Wegverbindung von der Elmauer Alm zum Hirzeneck besteht nicht. Jedoch sind die Wiesenhänge, die beide Punkte verbinden, meist bis Ende Juli abgeerntet, so daß man über sie nach Belieben hinüberwechseln kann. Am vorteilhaftesten verfolgt man zunächst den Weg von der Elmauer Alm zum Schloß Kranzbach (R 588) bis zu seinem tiefsten Punkt zwischen der Alm und dem Hirzeneck. Man verläßt hier den Weg nach links und steigt über die freien Hänge hinauf zur Kuppe.

● 583 **Elmau,** 995 m

Durch den waldigen Fuß des Wettersteinkammes, den Eckbauernrücken und das Hügelgebiet des Kranzberges eingeschlossen, erfreut es sich einer landschaftlich besonders herrlichen Lage. Den Wettersteinwald krönen die gezackten Gipfel der Partenkirchener Dreitorspitze, des Mustersteins und des östl. Wettersteingrates. Im Gegensatz dazu stehen die sanften Hügelrücken der Wamberger Höhe und des Hirzenecks. Ausgangspunkt für Fahrten im östl. Wetterstein, Wanderungen am Wamberger Rücken und im Kranzberggebiet. Auch für längeren Aufenthalt geeignet. Außer dem schon erwähnten Schloß befindet sich in Elmau ein Ghs., gj. bew.
Siedlungsmäßig als Weiler anzusprechen, hat es durch die Pflege kultureller Veranstaltungen im Schloß der Johannes Müllerschen Erben eine wesentlich weiter reichende Bedeutung errungen.

● 584 **Von der Bahnstation Klais**
Zu Fuß 1—1¼ Std. Befahrbares Sträßchen, für den privaten Kraftverkehr mautpflichtig.

● 585 **Von Mittenwald**
2½ Std. über den Lauter- und Ferchensee zu Fuß. Ab Ferchensee für den Kraftverkehr nicht zugelassen.

● 586 **Elmauer Alm,** 1190 m

Prachtvolle, sonnige Lage am SO-Hang der Wamberger Höhe. Herrlicher Blick auf Wetterstein, Karwendel und Soiern. Gj. bew. Unterkunft. Hübscher Ausflug von Klais, Kranzbach, Elmau und von Kaltenbrunn oder Kainzenbad über Wamberg.

● 587 **Von Elmau**
½ Std. vom Tal.

Man verläßt das Sträßchen Elmau — Klais beim nordöstlichsten Haus von Elmau. Bei ihm beginnt ein Ziehweg, der erst durch Wald steil ansteigend, dann über freie Hänge zur Alm hinaufführt.

● 588 **Von Schloß Kranzbach**
¾ Std., bez.

Man verfolgt vom Schloß (hierher von Klais ½ Std.) ganz kurz das Sträßchen gegen Elmau. Bei Ww. rechts ab. Der Weg steigt zunächst sanft über die Wiesen zu einem bewaldeten Graben, der auf einem Ziehweg durchquert wird. Jenseits kurz eben, dann links und hinauf zu der schon lange sichtbaren Alm.

● **589** **Von Wamberg**
1½ Std., siehe R 576.

● **590** **Vom Eckbauern**
1½ Std., siehe R 572.

● **591** **Zum Hirzeneck**
¾ Std., siehe R 581.

● **593** **Schloß Kranzbach,** 1032 m

In herrlicher Lage halbwegs zwischen Elmau und Klais. Hochgebirgserholungsheim und Kinderheim. Unterkunft nur bei Voranmeldung und längerem Aufenthalt. Allgemein zugängliche Tagesrestauration und Kaffeestation. Gj. bew.

● **594** **Kranzberg,** 1390 m

Die höchste Erhebung des Hügelgeländes westl. von Mittenwald, schon vom Ort aus kenntlich durch seine zuckerhutähnliche Gestalt und die Gipfelhütte. Beliebter Ausflug. Umfassender Rundblick.
Ghs. St. Anton nächst der Bergstation des Kranzberg-Sessellifts, 20 Min. unterhalb des Gipfels; Kranzberghaus, nächst der Bergstation der Seilbahn, unmittelbar unterhalb des Gipfels. Beide Häuser durchgehend bew. Mit Unterkunft kann nur bei Voranmeldung gerechnet werden.
Korbinianhütte, 10 Min. östl. der Bergstation des Lifts. Gj. bew.

● **595** **Mit Berglift**
20 Min. zur Talstation. Zum Gipfel in 20 Min. zu Fuß. Bezeichnet.

Von der Hauptstraße in Mittenwald dem Ww. folgend zur Talstation des Lifts, die sich nächst dem Kalvarienberg befindet. 20 Min. Die Kabinenbahn zum höchsten Punkt besteht nicht mehr. — Dieser kann von der Bergstation des Lifts zu Fuß auf gutem Pfad in 20 Min. erreicht werden.

● **596** **Über das Kaffeefeld**
1½ Std. von Mittenwald; bez.

Gegenüber dem Hotel Post von der Hauptstraße ab und auf bez. Weg am Kalvarienberg vorbei auf die weniger geneigte Fläche des Kaffeefeldes. Jenseits hinauf zur Restauration St. Anton. 1 Std. Von hier weiter wie unter R 595.

● 597 Von Mittenwald über den Lautersee
1½ Std.; bez.

Gegenüber Hotel Post durch die Stainergasse zur Pension Latscheneck. Links unterhalb des Kaffeefeldes entlang, bei einer Wegteilung (Ww.) rechts und durch den Klausnergraben überwiegend durch Wald zum Lautersee, der beim Ausfluß des Lainbaches erreicht wird. Hier rechts ab (Ww.) und durch Wald auf bez. Pfad zum Kranzberg.

● 598 Vom Ferchensee
1 Std.; bez.

Gegenüber dem Ghs. vom Mittenwalder Sträßchen nordw. abzweigend auf schattigem Steig in zahlreichen Windungen (Achtung auf die Bez.) zum Gipfelhaus.

● 599 Vom Schloß Kranzbach
2 Std.; bez.

Unmittelbar östl. Schloß Kranzbach vom Sträßchen nach Klais südw. abzweigend (Ww.) in den Wald und, genau auf die Bez. achtend, meist durch Wald zum Kranzberg.

● 600 Von Klais
2 Std.; bez.

Von Klais erneut auf dem Sträßchen gegen Elmau, bis nach etwa 10 Min. bei der Einmündung des Roßgrabens in den Kranzbach links der Weg zum Kranzberg abzweigt. Ww., Bez. Der Weg steigt durch Wald zu einer Lichtung, in der der Weg Wildensee — Kranzbach gekreuzt wird (R 606). Er betritt dann wieder den Wald und ersteigt den vom Kranzberg nach N ziehenden Rücken. An und auf ihm teils durch Wald, teils über freies Gelände zum höchsten Punkt hinauf.

● 602 Wildensee, 1138 m

Hübscher Badesee zwischen Kranzberg und Klais. Ghs. gj. bew.

● 603 Von Mittenwald
¾—1 Std.; bez.

Man zweigt von der Luttenseestraße bei Haus Nr. 33 links ab (Ww.) und übersteigt den vom Kranzberg ostw. ziehenden Rücken. Auf seiner N-Seite erst links, dann rechts über einen Sattel zum See.

● 604 **Von St. Anton**
Von der Bergstation des Kranzberglifts führen mehrere bez. Wege (Ww.) in etwa ½ Std. zum See.

● 605 **Vom Kranzberg**
Vom Weg Kranzberg — Klais (R 413) bei Ww. rechts ab und über die meist freien Hänge hinunter zum See 25—30 Min.

● 606 **Von Kranzbach**
1¼ Std.; bez.

Zunächst auf dem Weg zum Kranzberg (R 599). Nach etwa ½ Std. zweigt scharf links (Ww.) der Weg zum Wildensee ab, der meist durch Wald, zum Schluß durch das typische Hügelgelände des Kranzbergs zum See leitet.

● 607 **Von Klais**
1—1½ Std.

Auf dem Weg zum Kranzberg (R 600) längs des Roßgrabens auf die dort erwähnte Lichtung. Hier links ab zum See.

7. Mieminger Kette

● **620** Die Mieminger Kette ragt als mächtige Scheidemauer zwischen Inn- und Gaistal auf und zieht im allgemeinen in ostwestlicher Richtung vom Buchner Sattel zum Fernpaß. Der Holzleitensattel trennt die Mieminger Kette vom Simmering-Tschirgant-Stock, der Fernpaß von den Lechtaler Alpen, das Gaistal vom Wettersteingebirge; im O bilden der Buchner Sattel und das Kochental die Grenze gegen die Hügellandschaft von Seefeld.

1. Hauptkamm

● **621** **Hohe Munde**

Westgipfel, 2659 m; Ostgipfel, 2592 m

Östl. Eckpfeiler der Mieminger Kette, von allen Seiten gesehen ein ausgeprägter Gipfel. Die Hohe Munde erhebt sich besonders eindrucksvoll über dem Inntal, das von ihr um 2000 m überragt wird. Leicht besteigbarer Gipfel, guter Aussichtspunkt, einer der meistbesuchten Gipfel der Gruppe.

● **622** **Über den Ostrücken**

2½—3 Std., Gehgelände.

Von der Rauthhütte (R 122) durch eine anfangs flache, später steiler werdende Grasmulde zum obersten Punkt der Wiesen, dem sogenannten Jöchl (Aussichtspunkt). Nun in einer Latschengasse erst steil nach links zu den freien Hängen hinauf und über diese, einem deutlichen Steig folgend, auf den breiten Kopf des O-Gipfels. Nach einem kurzen Abstieg zum „Steinernen Mannl" in der Scharte zwischen den zwei Gipfeln über den stellenweise etwas schmalen Grat zum Hauptgipfel empor, etwa 20 Min. vom O- oder Signalgipfel.

● **623** **Westgrat**

4½ Std. von Straßberg. **I** und Gehgelände. Einige Drahtseilsicherungen. Empfehlenswerter Anstieg. Siehe Abb. S. 201, 203 und 211.

Hohe-Munde-Westgipfel. Der Anstieg führt über den ausgeprägten Westrücken. Zu beachten ist, daß das Rauhe Tal gequert werden muß! Nicht direkt ins Tal absteigen!

Rauhes
Tal
623

Vom Ghs. Straßberg (hierher R 125a, 125b) den gegenüberliegenden Weg entlang, bis er an einem breiten Bachbett endet. Hier zweigt der Weg rechts ab (Markierung 811) und führt nach Überschreitung des Bachbettes sanft ansteigend bis zu einem Hohlweg. Gleich nach dessen Durchschreitung nach links hinaus. Nun wird der Steig steiler und führt nach einigen Bäumen in die Legföhrenzone. Durch diese in zahlreichen Serpentinen auf den Niedere-Munde-Sattel. Nun auf markiertem Steig über zwei Latschenköpfe zum Beginn des Grates. Den ersten, schrofigen Teil umgeht man am besten auf einem Schuttband rechts der Kammhöhe, die man erst dort betritt, wo der Kamm als breiter Gras- und Schutthang hinaufzieht. Dieser Hang endet mit einem Kopf vor einem Schärtchen. Im Schärtchen setzt mit einer glatten Platte (Drahtseil) der erheblich schmälere Grat an, der aber ohne Schwierigkeit bis auf den Vorgipfel verfolgt wird (1¾ Std.). Hier wird der Grat scharf und schwierig, man steigt deshalb ungefähr 100 m in die Einbuchtung „Rauhes Tal" zwischen Vor- und Hauptgipfel ab (Drahtseile) und quert in die Mulde bis zu einer Schuttrinne, die zu einer engen Gratscharte emporzieht. Knapp unter ihr über abgekletterte Felsen nach rechts zum Gipfelgrat und in wenigen Min. zum Gipfel.
Beim **Abstieg** verfolgt man den Grat nordw., bis man an einem Stahlseil in die SW-Flanke des W-Gipfels absteigen kann. Man gelangt zu einer flachen Felsrinne und muß nun das Rauhe Tal queren, um dann zum westl. Vorgipfel aufzusteigen! (Drahtseil).
Auf keinen Fall darf nach dem ersten Drahtseil das Rauhe Tal abgestiegen werden! Davor muß dringend gewarnt werden!

• 625 **Karkopf,** 2471 m

Viereckiger Gipfel westlich der Niedermunde mit schönen Anstiegen, besonders lohnend in Verbindung mit dem Übergang zur Hochwand.

• 626 **Über die Südhänge (Schafböden)**

2½ Std. vom Alplhaus, R 126. **I** und Gehgelände, teilweise deutliche Pfadspuren. Siehe Abb. S. 203 und 205.

Hochplattig, Hochwand und Karkopf von Südosten.

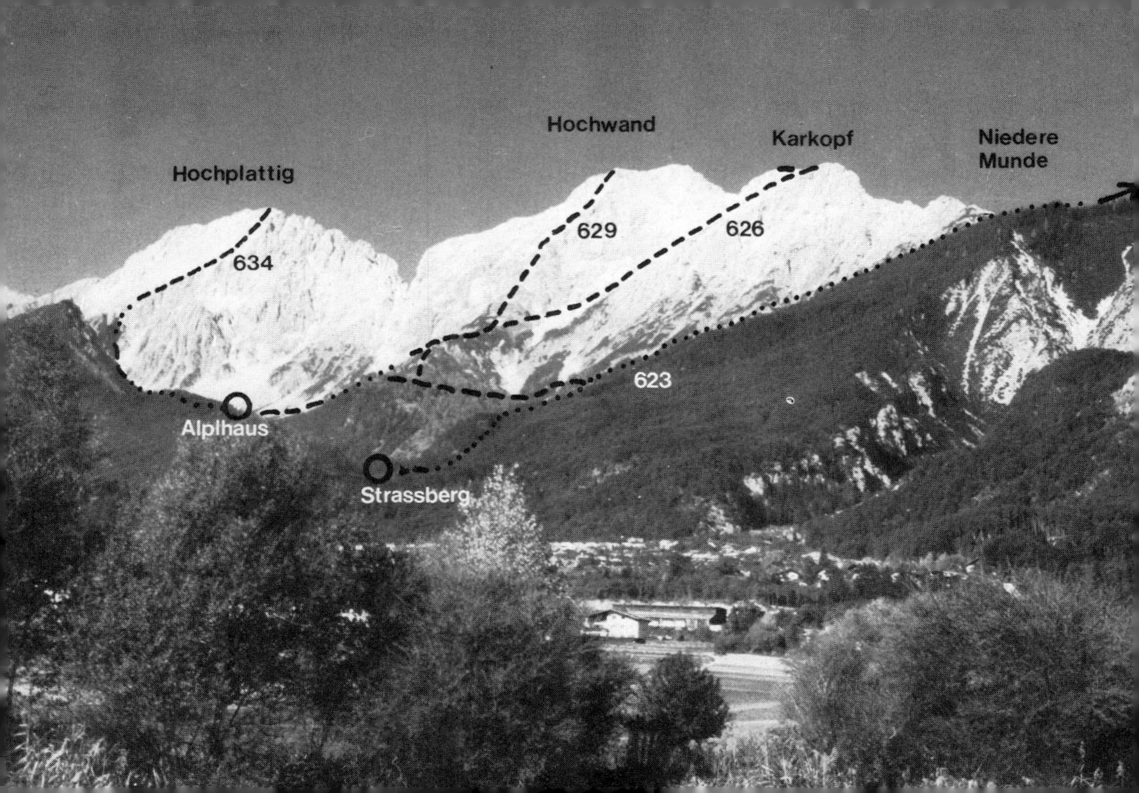
Hochplattig
Hochwand
Karkopf
Niedere
Munde
634
629
626
623
Alplhaus
Strassberg

Vom Alplhaus 5 Min. talein und nach einer Wasserrunse über eine Wiese in die rechte obere Ecke, wo ein schlechter Steig beginnt, der durch eine breite Latschenmulde in nordöstl. Richtung auf den Rücken führt, der das Alpltal vom Kar trennt (Hintereggen). Hierher gelangt man auch, wenn man vom Alplhaus dem Steig zur Niedermunde bis Hintereggen folgt und auf dem Rücken, die Hintereggen-Köpfe auf der Alplseite auf deutlichem Steig umgehend, in nordwestl. Richtung ansteigt. Vom Vereinigungspunkt auf dem Rücken weiter bis zur oberen Latschengrenze und nach rechts in die große Mulde am Fuß der Hochwand-SO-Wand. Von hier über die grasigen Hänge, stellenweise auf Pfadspuren, zur Kammhöhe hinauf und nach links zum Gipfel. Der plattige Felsklotz, der unmittelbar vor dem Gipfel den Grat sperrt, wird überklettert oder unschwierig links umgangen.

● 628 **Hochwand**

Nordostgipfel, 2721 m, Südwestgipfel, 2715 m

Schöner und ausgeprägter Gipfel, bricht mit einer senkrechten Steilstufe ins Alpltal ab; gegen das Gaistal gewaltige Wände und Kanten.

● 629 **Über die Südhänge**

4 Std. vom Alplhaus, R 126. **I** und Gehgelände, teilweise Pfadspuren. Siehe Abb. S. 203 und 205.

Wie bei R 626 zur oberen Latschengrenze auf den Rücken zwischen Alpltal und Kar. Auf dem schmäler werdenden Rücken weiter und östl. vom Steilabbruch der Hochwand auf schwachen Pfadspuren auf die Hänge oberhalb des Abbruches (im Abstieg, besonders bei Nebel, halte man sich so weit wie möglich links, da die S-Hänge unvermittelt gegen das Alplkar abbrechen und der Abstieg nur östl. des Abbruches möglich ist). Anfangs über Grashänge, dann über schuttbedeckte Felsen ziemlich gerade aufwärts über die schwach ausgeprägte S-Kante, die von den S-Hängen und der SO-Wand gebildet wird, zum SW-Gipfel der Hochwand. Den etwas höheren NO-Gipfel erreicht man in ¼ Std. über den teilweise scharfen und brüchigen Verbindungsgrat.

Hochplattig, Hochwand und Karkopf von Südwesten.

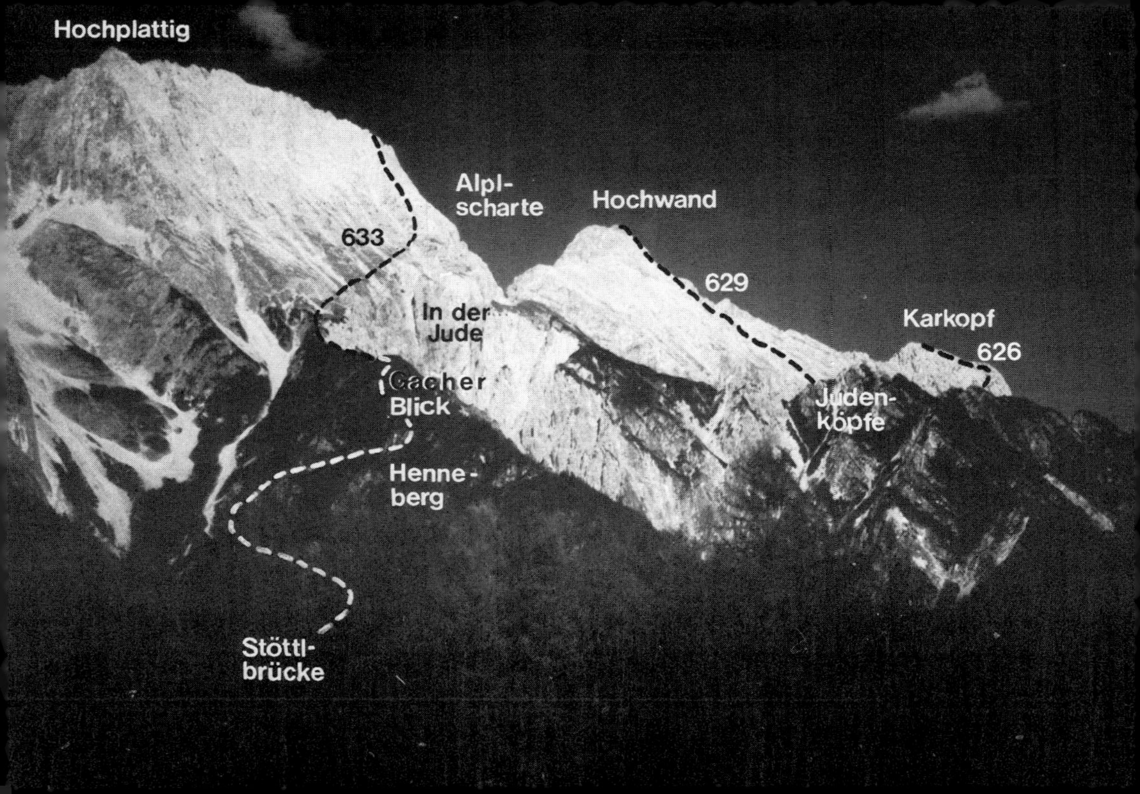
Hochplattig
Alpl-
scharte
Hochwand
633
629
In der
Jude
Karkopf
626
Gacher
Blick
Juden-
köpfe
Henne-
berg
Stöttl-
brücke

● 632 **Hochplattig**

Ost- oder Signalgipfel, 2698 m; Hauptgipfel, 2768 m;
Westeck, 2749 m

Höchste Erhebung der Mieminger Kette; breite Berggestalt mit zackigem Gipfelgrat, vom O-Gipfel bis zum W-Eck 700 m Luftlinie. Der höchste Punkt (Hauptgipfel) liegt ziemlich genau in der Mitte zwischen O- und W-Gipfel. Unschwierig besteigbar und wegen seiner prachtvollen Aussicht ein sehr lohnendes Ziel.

● 633 **Über den Henneberg**

4—5 Std. von Obermieming oder Barwies. **I** und Gehgelände, teilweise Pfadspuren. 1500 m Höhenunterschied. Siehe Abb. S. 205 und 207.

Vom Ghf. Post in Obermieming, R 129c, auf Fahrweg am östl. Ufer des Lehnbaches nach N zu einem Brunnen und Wegkreuz. Etwa 100 m weiter rechts auf breitem Forstweg in Kehren durch lichten Föhrenwald empor und auf Steig (Abzweigung in ungefähr 1220 m, 200 m höher, schwer zu finden) auf den Rücken des Henneberg. Von Barwies, R 129c, ausgehend am Schwimmbad vorbei auf bez. Weg zur ersten Stöttlbrücke, 1 Std., und gleich jenseits des Baches auf Steig gegen O abzweigend zum Forstweg und wie oben auf den Rücken des Henneberg. Diesem folgend an einer Jagdhütte vorbei zum „Gachen Blick" (Einblick in die wildzerklüftete Schlucht des Judenbaches). Nach kurzem Abstieg auf dem Bergrücken weiter, bis man nach rechts auf das Gehänge des Hochplattig queren kann (hierher gelangt man auch, wenn man vom Forstweg westl. vom Henneberg über Schutt und in einer Schuttrinne, an einer Quelle vorbei, gerade ansteigt). Nun entweder in der auffallenden Rinne, die westl. vom Hauptgipfel den Grat erreicht, empor und nach rechts zum Gipfel, oder schräg rechts aufwärts über Rasen und Schutt zum Signalgipfel.

● 634 **Vom Alplhaus,** R 126

4 Std., **I** und Gehgelände; bei mehreren Seilschaften äußerst steinschlaggefährdet. Vorsicht! Siehe Abb. S. 203 und 207.

Hochplattig von Süden. Gut zu sehen der Beginn der Kluft, die beim Abstieg ins Alpl (R 634) nicht verfehlt werden darf.

Mitterspitze
Westl.
Mittl.
Östl.
Mitterturm
633
634
Gacher Blick
In der Jude

Vom Alplhaus nach W in das hinterste Alplkar und durch eine mächtige Schuttgasse zur Scharte zwischen dem Judenfinger und dem Hauptmassiv, 2 Std. Kurz unterhalb der Scharte zieht eine brüchige Kluft nach N hinauf. In dieser etwa 80 m empor auf unschwierigeres Gelände. Nun auf dem Rücken östl. der auffallenden Rinne, die vom Signalgipfel herabzieht, gerade hinauf zum Signalgipfel.
Im Abstieg findet man die Kluft, indem man in der Nähe der Kante, die zum Alpltal abbricht, östl. der großen auffallenden Rinne solange abwärts geht, bis man den Einstieg in die Kluft erblickt.

● 636 **Mitterturm,** 2621 m

Roter, brüchiger Turm im zersplittertsten Kammstück des zentralen Hauptkammes; äußerst selten besuchter, schwer zugänglicher Gipfel, wird bei der Gratüberschreitung vom Hochplattig zu den Mitterspitzen oder umgekehrt überschritten. Es führt kein unschwieriger Anstieg zum Gipfel. Routenbeschreibungen siehe deshalb AVF Wetterstein, Auflage 1984, R 1660ff.

● 638 **Mitterspitzen**

Östliche 2705 m, Mittlere 2686 m, Westliche 2693 m

Die Mitterspitzen liegen zwischen Hochplattig im O und Grießspitzen im W im zentralen Hauptkamm. Sie erreichen nicht ganz die Höhe ihrer Nachbarn und sind auch nur auf langwierigen Anstiegen zu erreichen, weshalb sie selten besucht werden. Keine unschwierigen Anstiege. Routenbeschreibungen siehe deshalb AVF Wetterstein, Auflage 1984, R 1670ff.

● 640 **Östliche Grießspitze,** 2751 m

Zweithöchste Erhebung der Mieminger Kette, wuchtiger Felsbau ohne ausgesprochene Spitzenbildung, gewaltige Wandfluchten nach N und S; Ersteigung erfordert auf allen Wegen sicheres Gehen in schrofigem Gelände, von S auch Ausdauer. Keine unschwierigen Anstiege. Routenbeschreibungen siehe deshalb AVF Wetterstein, Auflage 1984, R 1690ff.

Blick auf den Grünstein beim Abstieg von der Sonnenspitze.

• 642 Westliche Grießspitze, 2743 m

Mächtiger Gipfel östl. der Grünsteinscharte mit großartiger Aussicht. Keine unschwierigen Anstiege. Routenbeschreibungen siehe deshalb AVF Wetterstein, Auflage 1984, R 1700ff.

• 644 Grünstein, 2660 m

Bedeutendster Gipfel im westl. Teil der Mieminger Kette mit herrlichem Blick auf Drachen- und Seebensee und die Zugspitze; häufig besucht.

• 645 Von Süden durch die Riffelrinne

1½—2 Std. vom Hölltörl; **I** und Gehgelände, jedoch teilweise Steinschlaggefahr. Siehe Abb. S. 211.

Entweder von Obsteig, R 129d, über das Lehnberghaus oder von der Coburger Hütte, R 90, über die Grünsteinscharte in die „Hölle" und über Schutt, teilweise auf Steigspuren, nach W auf das Hölltörl, ¾ Std. von der „Hölle". (Jenseits auf bez. Steig zum Marienbergjoch hinab, ½ Std., im Aufstieg 1 Std.)
Vom Hölltörl über den steilen Schuttkegel zur Mündung der Rinne. Hier unbedingt die rechte Rinne verfolgen, die über drei kurze Wandstufen zur langen Schutthalde führt. Am linken Rand der Halde in die enge Rinne hinauf bis nahe unter die Scharte, dann nach links hinaus und von SW auf den Gipfel.
Vorsicht beim Abstieg! Die Rinne ist teilweise mit losem Schutt angefüllt und sehr steinschlaggefährdet, besonders im unteren, auf die Schutthalde mündenden Teil.

• 647 Östliche Marienbergspitze, 2561 m

zwischen der Östlichen und Westlichen Marienbergscharte aufragender Gipfel. Aus dem Schwärzkar oder von der Marienbergalm über die Westliche Marienbergscharte unschwierig zu besteigen.

• 648 Über die Südwesthänge

2½ Std. vom Marienbergjoch, R 335. **I** und Gehgelände. Siehe Abb. S. 211.

Übersicht: Von der Scharte zwischen den beiden Marienbergspit-

Westliche und Östliche Marienbergspitze und Grünstein vom Gipfel der Handschuhspitze. Im Hintergrund ist die Hohe Munde zu erkennen.

Grünstein
Marienberg-
spitze
Westl.
Östl.
651
648
Westliche
Griesspitze
645
Hohe Munde
623
Höllkopf
Höll-
töll
721
722

zen zieht eine Schutthalde herab, die sich nach unten immer mehr verengt, und schließlich in eine Schuttschlucht übergeht. Vom breiten Schuttstrom, der von der Östlichen Marienbergscharte kommt, ist der schmale Schuttstreifen, der sich zwischen steilen Begrenzungswänden aus der Schuttschlucht windet, durch einen grünen Streifen getrennt.
Route: Der Anstieg erfolgt durch die Schuttschlucht. Über Wiesen und Schutthalden zur Mündung der Schlucht. Bei der Gabelung, ungefähr 100 m oberhalb der Mündung, benützt man den rechten Arm. Eine kurze Steilstufe kann mäßig schwierig überklettert oder leichter links (orografisch rechts) umgangen werden. Über der Steilstufe steigt man vorteilhaft rechts auf Rasen weiter an, um nur im obersten Teil die Schutthalde wieder zu betreten. Von der Scharte nach rechts über Schutt und Schrofen in ¼ Std. zum Gipfel.

● 649 Aus dem Schwärzkar

2 Std. von der Coburger Hütte, R 90. **I** und Gehgelände.

Von der Coburger Hütte folgt man zuerst dem bez. Weg zum Vorderen Drachenkopf ins Schwärzkar (R 690), zweigt an der Stelle, wo er sich der breiten Drachenkopfscharte zuwendet, ab und strebt über Schutt und Blockwerk der Schneerinne zu, die zwischen beiden Marienbergspitzen herabkommt. In der Rinne hinauf zur Scharte und nach links über Schutt und Geschröf zum Gipfel.

● 650 Westliche Marienbergspitze, 2535 m

Bei der Westlichen Marienbergspitze zweigt der bedeutendste Seitenkamm nach N ab. Westl. des Gipfels befindet sich das tief eingesenkte Marienbergjoch.

● 651 Vom Marienbergjoch

2 Std.; **II** (am Gipfelaufbau), sonst I und Gehgelände. Siehe Abb. S. 211.

Vom Marienbergjoch, R 335, folgt man zunächst R 648 bis zur Scharte zwischen beiden Marienbergspitzen (Westliche Marien-

Blick von Süden zum Marienbergjoch (R 335). Vom Joch nach links (westlich) führt der Steig zu den Handschuhspitzen (R 654). Nach Westen weiter führt der teilweise markierte, aber brüchige Grat (I) zum Hochwannig.

659
Handschuh-
spitze
654
Marienberg-
joch
Marienberg-
alm

bergscharte). Nun immer einige Meter südl. der Grathöhe nach links zum Gipfel. Im letzten Teil werden die Felsen steil und bereiten einige Schwierigkeiten. Durch eine schrofige, flache Rinne und einen kurzen Kamin an den Gipfelaufbau und an der SO-Seite über eine senkrechte Wandstelle auf den zersprungenen Gipfel. ¼ Std. von der Scharte.

● 653 **Handschuhspitze,** 2319 m

Unbedeutende Erhebung im vom Wannig nach NO verlaufenden Felskamm mit beachtlicher N-Wand. Die zwei weiteren Erhebungen in diesem Kamm in Richtung Wannig tragen die Höhenmarken 2351 m und 2399 m.

● 654 **Vom Marienbergjoch**

1½ Std., bez. Steig, Gehgelände. Siehe Abb. S. 213.

Vom Marienbergjoch, R 335, auf bez. Steig, der auf dem teilweise mit Latschen bewachsenen Rücken, anfangs nördl., dann meist südl. des Kammes, gegen W führt, bis zur oberen Latschengrenze. Nun etwas abwärts durch eine weite Mulde zu einem kleinen Sattel im S-Abhang und auf breitem Rücken immer gerade hinauf zum Gipfel.

● 657 **Hochwannig,** 2493 m

In einigen Karten auch als Wannig oder Wanneck bezeichnet. Westlichster Gipfel der Mieminger Kette, ohne Schwierigkeiten zu besteigen; gute Rundsicht.

● 658 **Von Nassereith**

4 Std.; **I**, meist Gehgelände. Bester Anstieg.

Von Nassereith gegen O zum Weiler Roßbach. Vor der Säge auf bez. Weg zu einer ebenen Lärchenwiese. In der nordwestlichen Ecke beginnt der Steig zur Mittenaualm, dem man folgt, bis er von einem Sattel flach zu den Almhütten führt. Hier Abzweigung nach rechts. In Serpentinen über den NW-Hang zum Gipfelkreuz.

● 659 **Vom Marienbergjoch,** R 335

2½ Std.; **I** und Gehgelände. Siehe Abb. S. 213.

Wie bei R 654 auf die Handschuhspitze. Von hier auf der aussichtsreichen, sehr brüchigen (Vorsicht!) Kammhöhe, besser südl. davon, nach W zum Gipfel.

● 660 Nordgrat

3 Std. vom Marienbergjoch, R 335. **I** (im oberen Teil), meist Gehgelände.

Vom Hochwannig-Gipfel zieht ein breites Tal gegen die Almböden nördlich des Marienbergjoches hinab. Dieses Tal (Bergletal) wird im N von einem grünen, im oberen Teil felsig werdenden Rücken begrenzt, der umbiegend als N-Grat dem Gipfel zustrebt.
Zunächst wie R 338 bis zur Abzweigung des Weges ins Bergletal. Auf dem Steig zur Mittenaualm in einer steilen Wiesenmulde nach rechts aufwärts, bis der Steig eben oder leicht fallend zur Mittenaualm führt. Man verläßt den Steig nach links und steigt pfadlos über sehr steile Wiesenhänge auf den Rücken empor. Auf diesem, einen aussichtsreichen Pfad entlang zum eigentlichen N-Grat und in unschwieriger Kletterei zum Gipfel.

2. Nördliche Seitenkämme

● 665 Der höchste Gipfel der Mieminger Kette, der Hochplattig, entsendet nach N einen Felsgrat, dem der Breitenkopf entragt. Der zweite Seitenkamm trägt die Igelsköpfe und schließt an der Mittleren Mitterspitze an den Hauptkamm an. Als dritter Seitengrat ist der Tajakamm zu nennen, der etwas westlich von der Östlichen Grießspitze ansetzt. Vom Grünstein strahlt als vierter Seitenkamm der Drachenkopfgrat nach N aus. Der letzte und bedeutendste Seitenkamm zweigt von der Westlichen Marienbergspitze ab. Wampeter Schrofen, Schartenkopf und Sonnenspitze sind seine Gipfel.

● 666 Wampeter Schrofen

Südgipfel, 2520 m; Nordgipfel, 2511 m

Der gewaltige Felsbau verdankt seinen Namen den bauchigen Westabstürzen. Aus dem Schwärzkar unschwierig zu ersteigen, die Aussicht ist umfassender als die der Sonnenspitze; sehr brüchiges Gestein.

● 667 Von Osten aus dem Schwärzkar

2½ Std. von der Coburger Hütte, R 90. **II** (am Gipfelaufbau des S-Gipfels), I und Gehgelände. Einfachster Anstieg, leicht zu finden.

Von der Coburger Hütte wie in R 649 in die obere Mulde des Schwärzkars. Von links nach rechts ansteigend über Schutt gegen das begrünte Geschröf, das zwischen dem Sporn, der am weitesten in das Kar herabreicht, und der Schwärzscharte betreten wird.

Nach kurzem Emporsteigen öffnet sich die Übersicht über die O-Flanke des Berges. Die südlichste Rinne führt unschwierig in die Scharte zwischen S- und Mittelgipfel, worauf man in einer steilen, brüchigen Rinne, zuletzt linkshaltend, den Grat und mit wenigen Schritten den S-Gipfel erreicht. Die zweite Rinne leitet zur Scharte zwischen Mittel- und N-Gipfel, die nördlichste zieht unmittelbar zum N-Gipfel empor.

● 668 Gratübergang vom Nord- zum Südgipfel
½ Std., **II**.

Vom N-Gipfel steigt man zuerst etwas nach O ab, überschreitet jedoch bald die rechte Seitenrippe und gelangt, sich rechts haltend, in die ausgeprägte Scharte zwischen N- und Mittelgipfel. Letzterer wird westl. umgangen. Von der Scharte am besten auf der W-Seite einige Meter waagrecht und erst dann an guten Griffen absteigend, bis mit feinem Schutt bedeckte Bänder in die Scharte zwischen Mittel- und S-Gipfel ziehen. Weiter wie R 667 auf den S-Gipfel.

● 670 Schartenkopf, 2331 m

Unbedeutender Gipfel südl. der Biberwierer Scharte mit reizvollen Klettereien. Anstiege siehe AVF Wetterstein, Auflage 1984, R 1790ff.

● 672 Sonnenspitze
Signalgipfel, 2412 m; Hauptgipfel, 2417 m

Formenschönster Gipfel und beliebtestes Fahrtenziel in der Mieminger Kette. Der günstigste Stützpunkt für seine Besteigung ist die Coburger Hütte, doch kann die Sonnenspitze auch von Biberwier oder Ehrwald aus leicht an einem Tag erstiegen werden.

● 673 Nordostrücken
2—2½ Std. vom Hohen Gang, R 92, oder vom Seebensee, 2½—3 Std. von der Coburger Hütte, R 90. **II** (1 Stelle), sonst I und Gehgelände. Leichtester Anstieg, meist im Abstieg begangen.

Von Ehrwald über den Hohen Gang, bis sich der Weg zum Seebensee senkt (2 Std.), R 92. Nun nach rechts durch lichten Wald und

Das Ehrwalder Becken mit Sonnenspitze (links) und Marienbergspitzen (rechts).

Latschen bis an den Fuß des NO-Rückens. Wo der Schutt am höchsten hinaufreicht, wird gegen den Rücken angestiegen, der zuletzt durch waagrechtes Queren an der Latschengrenze betreten wird. Hierher auch vom S-Ende des Seebensees über Schutt und Latschengassen in 1 Std. oder von der Coburger Hütte auf dem Weg gegen die Biberwierer Scharte, dann nach rechts quer durch die O-Flanke der Sonnenspitze, wobei eine tiefe Rinne überschritten werden muß (II). Man steigt dazu an ihrer S-Seite empor, bis man einen Übergang nach rechts findet. Nach der Überschreitung stark nach rechts auf den Rücken; 1½ Std. von der Hütte. Auf immer deutlicher werdenden Steigspuren etwas nach links aufwärts und in einer weiten, nach SO offenen Schleife zu einer Felsrippe. Der jenseitige Graben wird höher oben überschritten. Nach langer, ansteigender Querung unter den Gipfelwänden erreicht man über eine Rippe hinweg die zwischen N- und S-Gipfel herabziehende Rinne. Von der Scharte zwischen den Gipfeln auf jeden der beiden hinauf. Im Abstieg die Schuttrinne zwischen beiden Gipfeln so bald wie möglich nach links verlassen und auf Steigspuren bis zur Latschengrenze hinab.

● 674 Südwand

1½—2 Std. von der Coburger Hütte, R 90. **II** (Stellen) und I; stellenweise Drahtseilsicherungen. Deutliche Steigspuren. Meistbegangener Aufstieg; empfehlenswert.

Von der Coburger Hütte westw. in Richtung auf die Biberwierer Scharte, R 345, bis zu dem von der Sonnenspitze weit nach S vorspringenden Latschenrücken. Zuerst über Schutt östl. des Rückens, dann auf dem Sporn selbst und über Rinnen und Rippen bis unter die Abbrüche hinauf. Dann rechts ansteigend um eine Rippe herum und waagrecht in die vom S-Grat herabziehende Schlucht, die gequert wird. Über Schrofen nach rechts ansteigend in eine Rinne. In dieser empor (zwei Eisenklammern), bis ein Drahtseil nach links in die Wand hinausleitet. Von seinem Ende ziemlich gerade aufwärts, später nach rechts in eine Schuttrinne, die beinahe bis zum S-Gipfel leitet, der über den S-Grat erreicht wird.

● 676 Breitenkopf, 2470 m

Unbedeutender Gipfel zwischen Schwarzbachkar und Igelskar, der nach NO mit prallen Wänden gegen das Gaistal abfällt.

● 677 Aus dem Igelskar

1 Std. von der Breitenkopfhütte, R 127. **I** und Gehgelände.

Breitenkopf von Nordosten aus dem Gaistal. Links die letzten Ausläufer der Hochwand, dazwischen führt ein Steig ins Schwarzbachkar. Von diesem und von der Breitenkopfhütte (R 127, R 676) ist der Gipfel mit geringen Schwierigkeiten (I) zu erreichen.

Einige Min. in Richtung Hochplattig gegen den Karhintergrund, dann über begrüntes Geschröf und Schutthänge in die Scharte südl. des Gipfels. Von dieser aus wird der Gipfel ohne Schwierigkeiten erreicht. Die Scharte kann auch unschwierig über den S-Grat erreicht werden.

● 679 Igelsköpfe

Nordgipfel, 2223 m; Südgipfel, 2219 m

Unbedeutende Erhebungen zwischen Igelskar und Brendlkar.

● 680 Von der Igelsscharte zum Nordgipfel

20 Min.; **I.**

Die Igelsscharte liegt südl. des Igelskopfes. Sie wird von der Ehrwalder Alm, R 290, durch das Igelskar oder Brendlkar in 2½ Std. erreicht, von der Breitenkopfhütte, R 127, quer durch das Igelskar in ½ Std. Von der Scharte nach rechts, entlang der Felsen über Schutt und Gras auf eine Seitenrippe empor und auf Steigspuren unter dem S-Gipfel hindurch zum N-Gipfel.

• 681 Südgipfel von der Igelsscharte über die Südseite
20 Min., **I.**

Wie in R 680 zur Igelsscharte. Nun über Schrofen an den Beginn der Rinne, die westl. vom Gipfel herabzieht. Durch die Rinne, am Anfang auch links der Rinne und über Schutt empor zum Gipfel.

• 682 Übergang vom Nord- zum Südgipfel
10 Min., **I.**

Unschwierige, zum Teil etwas ausgesetzte Kletterei, immer auf der Grathöhe.

• 684 Tajaköpfe
Vorderer Tajakopf, 2452 m; Hinterer Tajakopf, 2409 m

Die Tajaköpfe entragen dem Felskamm, der das Brendlkar vom Drachenkar trennt und der sich unter der N-Wand der Östlichen Grießspitze vom Hauptkamm ablöst. Beide Gipfel liegen in der unmittelbaren Umgebung der Coburger Hütte, häufig bestiegen wird aber nur der Hintere Tajakopf.

• 685 Von der Coburger Hütte auf den Vorderen Tajakopf
2 Std. von der Hütte, R 90; **I** und Gehgelände.

Auf dem Weg zur Grünsteinscharte (R 331) bis zu einer ebenen Wiese unter dem Hinteren Tajakopf. Nun links über den begrünten Schuttkegel empor, der sich gegen den Hinteren Tajakopf hinaufzieht. Von seinem Ende schräg nach links aufwärts zu einem deutlich erkennbaren Seitengratsattel rechts von einem Grathöcker mit gelbgestreifter Wand. Weiter in der großen Schuttrinne, die vom Vorderen Tajatörl zwischen den beiden Tajaköpfen herabzieht, zum Vorderen Tajatörl hinauf (hierher auch von der Ehrwalder Alm durch das Brendlkar). Zuerst über Schutt gegen die Felsen zu, bei ihrem Beginn durch begrünte Rinnen nach links, dann aber wieder durch eine nach oben weiter werdende Rinne etwas nach rechts, zuletzt über ein kleines Wandl zum S-Gipfel, 2441 m, ½ Std. vom Vorderen Tajatörl. In ¼ Std. über den Grat zum Hauptgipfel, von diesem ¼ Std. zum N-Gipfel.

● 686 Von der Coburger Hütte auf den Hinteren Tajakopf
1½ Std. von der Hütte, R 90; **I** (Stellen im Gipfelaufbau) und Gehgelände.

Wie R 685 zum Hinteren Tajatörl, der Scharte zwischen Hauptkette und Hinterem Tajakopf. Vor dem Erreichen des Törls nach links, unter dem am Tajatörl aufragenden Felsen durch und über Schutt auf den grünen Sattel nördl. davon (aus dem Brendlkar führen Steigspuren hierher). Nun immer auf oder rechts neben dem S-Grat zum Gipfel. Beim Übergang über das Hintere Tajatörl kann dieser Gipfel unter geringem Zeitaufwand leicht miterstiegen werden.

● 687 Übergang vom Hinteren zum Vorderen Tajakopf
1 Std.; **I** und Gehgelände.

Der Hintere Tajakopf bricht mit einer senkrechten Stufe gegen das Vordere Tajatörl ab. Dieser Abbruch wird auf der W-Seite des Berges umgangen. Dazu steigt man vom Gipfel durch eine Schlucht so weit ab, bis am Fuße des senkrechten Abbruches eine Querung nach rechts unschwierig möglich ist. Auch vom S-Grat gelangt man, eine Schuttrinne querend, hierher. Dem nun unschwierigen Grat entlang über Schutt zum Vorderen Tajatörl hinab, ¼ Std. vom Gipfel. Auf den Gipfel des Vorderen Tajakopfes wie R 685.

● 689 Drachenköpfe

Vorderer Drachenkopf, 2301 m; Hinterer Drachenkopf, 2413 m

Die Drachenköpfe entragen dem vom Grünstein nach N ausstrahlenden Seitenkamm, der das Drachenkar vom Schwärzkar trennt. Der Hintere Drachenkopf ist eine kühn aufstrebende Gratmauer, der Vordere Drachenkopf bildet den Abschluß des Drachenkopfkammes. Die Scharte zwischen Grünstein und Hinterem Drachenkopf heißt Hintere Drachenscharte, die Scharte zwischen beiden Gipfeln Vordere Drachenscharte.
Auf den Hinteren Drachenkopf führt kein unschwieriger Anstieg. Beschreibung der Anstiege siehe AVF Wetterstein, Auflage 1984, R 1860ff.

● 690 Über den Südwestgrat auf den Vorderen Drachenkopf
1 Std. von der Coburger Hütte, R 90; **I** und Gehgelände. Bez. Steig.

Auf dem Weg zur Biberwierer Scharte, R 347, unter dem N-Absturz des Vorderen Drachenkopfes hindurch, dann auf bez. Steig nach links in das Schwärzkar hinauf und wieder nach links, zuletzt über unschwieriges Geschröf zur Vorderen Drachenscharte. Nun über den brüchigen Grat zum Gipfel.

● 691 Von Nordosten

1 Std. von der Coburger Hütte, R 90; **I** und Gehgelände. Trittsicherheit erforderlich.

Über den grasigen Rücken, auf dem die Hütte steht, zum Beginn der Felsen und ziemlich beliebig, bis zum oberen Ende einer Rinne, dann rechts über Schrofen steil empor, zuletzt über ein kurzes Gratstück zum Gipfel.

3. Südliche Seitenkämme

● 700 Die Seitenkämme und Kare auf der Südseite sind nicht so mächtig ausgebildet wie die auf der Nordseite des Hauptkammes.

● 701 Hintereggenkamm

Vom W-Gipfel der Hochwand zieht in der Verlängerung des S-Grates ein Rücken gegen Straßberg hinab. Dieser Rücken scheidet das Alpl vom Tal im „Kar“. In einer Höhe von 1580 m überschreitet ihn der Steig vom Alplhaus zur Niedermunde. Nordwestl. der Übergangsstelle erhebt sich der Hintereggenkopf.

● 705 Judenkopfkamm

Am Signalgipfel des Hochplattig setzt der Seitenkamm der Judenköpfe ein, der zuerst nach S zieht, dann aber nach O umbiegt und das Alpltal südlich begrenzt. Erhebungen in diesem Kamm sind der nahe der Abzweigung aufragende schlanke Judenfinger und die Judenköpfe, die steil gegen das Alpltal abfallen, südseitig aber mit Latschen bewachsen sind.

Ein Blick von Süden zur Grünsteinscharte, dem schnellsten Übergang von Obsteig nach Ehrwald (R 331). Links baut sich der Grünstein auf, als östliche Begrenzung die Westliche Grießspitze. Der Grießspitze vorgelagert befindet sich die Wank, im Sommer ein einfacher beliebter Wanderberg von Arzkasten, im Winter eine vielfach unternommene Skitour (R 716).

● 710 **Schoßkopfkamm**

An der Westlichen Mitterspitze löst sich ein Felsgrat gegen S ab, der die Kleine und die Große Schoß trennt. Im unteren Teil gabelt sich der Grat. Den Abschluß bilden der Westliche und Östliche Schoßkopf (etwa 2150 m).

● 715 **Wankspitzen**

Südlich der Westlichen Grießspitze erheben sich, durch das Stöttltörl vom Hauptkamm getrennt, die Wankspitzen. Von der Südlichen Wankspitze zieht ein Rücken erst nach SO dann nach SW zum Jöchl und Nißkogel.

● 716 **Südliche Wankspitze von Obsteig**

3½ Std. von Obsteig, R 129d; bez. Steig. Im Winter beliebte Skitour.

Von Obsteig über Arzkasten in 2 Std. zum Lehnberghaus. Vor der Hütte dem Lehnstrich, oder direkt bei der Hütte einem Steig folgend, nach rechts bergan. Wo das Gelände steiler wird, wieder nach rechts zur Unteren Lacke empor (½ Std.). Hier herrlicher Blick auf das Mieminger Plateau. Weiter dem Rücken nach hinauf, schließlich nach links zum Gipfelkreuz, 2208 m.

● 720 **Arzbergkamm**

Der Arzbergkamm nimmt beim Hölltörl südlich des Grünsteins seinen Anfang, zieht in südwestlicher Richtung gegen Arzkasten und Weisland und scheidet das Marienbergtal vom Lehnbergtal. Südlich des Hölltörls liegt der Höllkopf, 2193 m, nach einer Einsattelung folgt der Zäundlkopf, 2153 m, und nach einer abermaligen Einsenkung der Hohe Kopf, 2120 m.

● 721 **Höllkopf**, 2193 m, **vom Hölltörl**

10 Min., **I**. Siehe Abb. S. 211.

Vom Marienbergjoch oder von der Hölle zum Hölltörl und über Schutt und Gras unschwierig zum höchsten Punkt (bietet schöne Skiabfahrt zum Fernpaß).

● 722 **Von Arzkasten über Hohen Kopf und Zäundlkopf**

3 Std.; **I** und Gehgelände. Siehe Abb. S. 211.

Wie bei R 336 auf dem Steig, der am ostseitigen Hang hoch über dem Marienbergbach zur Marienbergalm führt, etwa ¾ Std. talein, bis die Hangneigung geringer wird. Links unten wird am jenseitigen

Ufer des Marienbergbaches eine Jagdhütte sichtbar. Knapp vor oder nach einer tiefen Runse verläßt man den Steig nach rechts und steigt vorerst ein kurzes Stück pfadlos bergan. Bald stößt man auf einen Steig, der nach rechts aufwärts führt. Diesem folgt man, sich bei einer Abzweigung rechts haltend, bis auf die Höhe des Rückens. auf diesem führt der Steig durch Latschen bis auf den Hohen Kopf und weiter in freier werdendem Gelände zum Zäundlkopf und Höllkopf.

4. Tschirgant-Simmering-Stock

● **740** Zwischen Inntal und Gurgltal, durch den Holzleitensattel von der Mieminger Gruppe geschieden, erhebt sich der Tschirgant-Simmering-Stock. Der Tschirgant ist eine aussichtsreiche Pyramide, die das Inntal von Imst aufwärts beherrscht, der Simmering eine abgerundete Kuppe, an derem O-Abfall eine ausgedehnte Alm liegt. Der Vorsprung gegen Obsteig heißt „Auf dem Horn".
Eine Wanderung vom Simmering zum Tschirgant oder umgekehrt, ist der herrlichen Aussicht und der Blumenpracht wegen zu empfehlen.

● **741** **Tschirgant,** 2372 m

● **742** **Von Karrösten**
3½ Std.; bez. Steig. **I** und Gehgelände.

Vom Bahnhof Imst ½ Std. nach Karrösten, dann 1 Std. zur Karröster Alm. Nun auf bez. Steig auf den O-Grat und über diesen zum Gipfel.

● **743** **Von Karres**
3½ Std.; **I** und Gehgelände. Trittsicherheit erforderlich.

Von Karres auf schönem Almweg in 1½ Std. zur Karreser Alm. In nordwestlicher Richtung über Almwiesen zum Beginn des Steiges, der quer durch die S-Hänge auf den O-Grat führt. In mehreren Runsen, die überschritten werden müssen, ist der Steig etwas verfallen. Auf dem O-Grat zum Gipfel.

● **744** **Von Obsteig**
5 Std., **I** und Gehgelände. Herrliche Höhenwanderung.

Von Obsteig, R 129d, auf gutem Forstweg in die Einsenkung zwischen Simmering und östl. vorgelagertem Grünberg. Zwischensimmering genannt. Auf dem neuen Alpweg in Richtung Simmeringalpe

bis einige Meter über die erste Kehre, dann auf bez. Steig nach links zur Hubertushütte. Auf einem Steig westw. unter dem Simmering hindurch zur Haiminger Alm und weiter dem Grat entlang zum Tschirgant.
Von der Hubertushütte auch nach rechts zur Simmeringalpe und über den Simmering zur Haiminger Alm, 1 Std. Mehraufwand an Zeit.
Auf die Haiminger Alm führt auch von Haiming über den Weiler Magerbach ein Alpweg.

● 745 **Simmering,** 2098 m

4 Std. von Obsteig, R 129d; kürzester Zugang. Von Nassereith, R 129e, bez. Steig zur Simmeringalm.

Anhang I: Das Estergebirge

● **750** Das Estergebirge wird im W durch das Loisachtal, im S durch das Kankertal, im O durch das Isartal begrenzt. Das Eschental zwischen Eschenlohe und Walchensee trennt es von Heimgarten und Herzogstand.
Im Hauptkamm des Estergebirges befinden sich alle wesentlichen Gipfel: vom Hohen Fricken über Bischof, Rißkopf, Archtalkopf bis zur Hohen Kiste. Ein Seitenkamm zweigt beim Rißkopf über den Lochtalsattel (Weilheimer Hütte) zum höchsten Gipfel der Gruppe, dem Krottenkopf.
Von der Esterbergalm am N-Fuß des Wank rauschen die Wasser des Finzbaches durch das Finztal nach Krün. Es ist das einzige ausgeprägte Tal innerhalb des Estergebirges. Im nördl. Teil der Gruppe befindet sich zwischen Platteneck und Wallgauer Eck der Wildsee in einer Höhe von 1400 m.
In der Eiszeit blieben die wesentlichen Gipfel des Estergebirges etwa 300 Höhenmeter eisfrei und ragten wie Inseln aus den riesigen Gletscherströmen.

1. Talorte als Ausgangspunkte, Bergbahnen

● **751** **Eschenlohe,** 640 m

1400 Einwohner, am Taleingang zum Werdenfelser Land, am Rand des ob seiner Pflanzen- und Tierwelt berühmten Murnauer Mooses gelegen. Bahnstation. Wanderung durch das Eschenleintal zum Walchensee.

● **752** **Oberau,** 660 m

2500 Einwohner, Schnellzugstation der Strecke München — Garmisch-Partenkirchen. Lohnender Ausflug zur Benediktinerabtei Ettal. Zwischen Oberau und Farchant befinden sich die Pumpstationen für die so hart umstrittene Münchner Trinkwasserversorgung aus dem Loisachtal.

● **753** **Farchant,** 671 m

3300 Einwohner. Ausgangspunkt für Wanderung zur „*Kuhflucht*", einem zeitweise gewaltigen Wasserfall, der aus dem Fricken etwa 400 m über dem Tal hervorbricht. In der Nähe der Eingang zur *Frickenhöhle,* einem bedeutenden Labyrinth, das tief in das Bergesinnere leitet. Zugänglich nur unter kundiger Führung.

● 754 **Krün,** 874 m

Busverbindung, Bahnstation Klais 4 km. Am Ausgang des Finztales (Klamm). Ausflug zum Barmsee.

● 755 **Wallgau,** 868 m

Pumpstation der Isar in den Walchensee. Ausflug zum Wildsee im Estergebirge.

● 756 **Bergbahnen**

Einziges mechanisches Beförderungsmittel in das Estergebirge ist die Wankbahn (siehe R 137). Vom Ortsteil Partenkirchen mit den 4-Personen-Kabinen auf den 1779 m hohen Wank. Überblick auf die Hauptgipfel des Estergebirges. In der Bergstation Selbstbedienungs-Restaurant für eilige Gäste. Nur 2 Min. entfernt auf dem Gipfel befindet sich das Wankhaus der AV-S. Garmisch-Partenkirchen. Gj. bew. Abstieg zur Esterbergalm 1 Std.

2. Hütten und Hüttenwege

● 760 **Weilheimer Hütte** (Krottenkopfhaus), 1954 m

Am Lochtalsattel. Erbaut 1884. AV-S. Weilheim. Bew. von Ende Mai bis Oktober. 11 B., 75 M., 20 N. WR mit 8 L.

● 761 **Von Garmisch-Partenkirchen**
4 Std., bez.

Zu Fuß von Kloster St. Anton auf Ziehweg zur Esterbergalm, 1262 m, 2 Std.; oder mit Hilfe der Wankbahn dorthin. Von hier 300 m nördl. Wegteilung: links zur Weilheimer Hütte, 2 Std., rechts ins Finztal nach Krün, 2 Std.

● 762 **Von Eschenlohe**
4½ Std.

Vom Bahnhof über die Loisachbrücke, südl. der Asamklamm zur Jagdhütte am Schellenberg. Von hier durch den Wald in das Kar zwischen Zwölferköpfl und Möselgrat. In diesem durch Geröll aufwärts zum „Gatterl", ¼ Std. auf den Hohen Kisten. Nun auf dem Grat oder südl. desselben zur Weilheimer Hütte.

Die Kuhfluchtwasserfälle sind besonders nach starkem Regen eine große Sehenswürdigkeit; sie sind vom östlichen Ortsrand Farchants in einer halben Stunde erreichbar.

● 763 Von Oberau bzw. von Farchant
3½ Std. von beiden Talorten; bez.

Auf dem Fahrweg am Fuß der N-Abbrüche des Estergebirgs-Hauptkammes bis zur Abzweigung des Steiges ungefähr in der Mitte zwischen Oberau und Farchant. Von hier stetig aufwärts um den Niederen Fricken in das Frickenkarl. Nun quer unter dem Bischof nach N auf den Sattel zwischen diesem und dem Rißkopf. Krottenkopfhaus ist im O bereits sichtbar.

● 764 Von Krün bzw. von Wallgau
5½ Std. von beiden Talorten, mühsam.

Von Krün über die Krüner Alpe, und von Wallgau über den Wildsee. Infolge ihrer Länge sind diese Wege vorwiegend als Abstiege zu empfehlen.

3. Gipfel und Gipfelwege

● 770 Alle wesentlichen Gipfel des Estergebirges sind von der Weilheimer Hütte in Zeiten von ¼ Std. bis längstens 1½ Std. zu erreichen.

● 771 Krottenkopf, 2086 m

Höchster Gipfel des Estergebirges. Prächtige Aussicht. Die Sonnenaufgänge sind berühmt.

● 772 Von der Weilheimer Hütte
20 Min., bez.

● 773 Gratüberschreitung Bischof — Fricken
3 Std. von der Weilheimer Hütte zur Esterbergalm.

Von der Weilheimer Hütte auf dem Steig nach Oberau bis zum Sattel unter dem Bischof, 2031 m. Von hier ¼ Std. durch Latschen und Schrofen auf den Gipfel. Auf dem Grat zum Hohen Fricken, 1940 m; weglos durch das Kar oder den Wald hinab zur Esterbergalm.

● 775 Rißköpfe, 2050 m

¼ Std. nördl. der Weilheimer Hütte. Tiefblick ins Loisachtal.

● 776 Gratüberschreitung Archtalkopf, 1926 m, **— Hohe Kiste,** 1922 m
2 Std. von der Weilheimer Hütte. Abstiegsmöglichkeiten nach Eschenlohe oder Wallgau.

Bei lawinensicheren Verhältnissen sind Fricken, Bischof und Krottenkopf im Winter mit Ski besteigbar und bieten schöne Abfahrtsmöglichkeiten. Lang ist die Abfahrt von der Weilheimer Hütte durchs Wildseetal und den Schwarzen Graben nach Wallgau. Extreme Skifahrer können durch das Kistenkar nach Eschenlohe abfahren (Lawinengefahr!).

Anhang II: Symptome der Waldschäden

Text und alle Fotos von H. Pfanzelt

Die folgende Abhandlung soll nicht zu dem Trugschluß führen, daß die Waldschäden im Werdenfelser Land größer seien als diejenigen in anderen Gebieten der Alpen. Eine optische Beeinträchtigung der großartigen Erholungslandschaft Wetterstein ist derzeit an keinem Ort zu erkennen. Nicht aber ist festgeschrieben, daß sich dies nicht ändern könne! Um dem entgegenzuwirken, sind diese Zeilen geschrieben worden.

„Der Wald ist ein unentbehrlicher Bestandteil eines gesunden Lebensraumes. Er schützt den Boden vor Erosion, dient der Reinhaltung des Grundwassers, produziert den lebenswichtigen Sauerstoff und ist Erholungsraum für unsere Mitbürger.

Außerdem liefert er den wertvollen einheimischen Rohstoff Holz und gibt damit zahlreichen Menschen einen Arbeitsplatz.

Unser Wald wird zur Zeit durch Schadstoffe in seiner Vitalität geschwächt. Ursache dieser Erkrankung ist vor allem die Verunreinigung der Luft, die als ‚saurer Regen', als Gas oder als Staub auf die Bäume einwirkt.

Nur durch eine rasche Minderung der Abgase können unsere Wälder erhalten werden. Wir brauchen unseren Wald, um in unserem Land überleben zu können."

Dies sind Gedanken, die Dr. Hans Eisenmann (Staatsminister) der ersten Information des Bayerischen Staatsministeriums für Ernährung, Landwirtschaft und Forsten über den komplexen Begriff der Waldschäden im Vorwort voranstellt. Diese Massendrucksache hat weite Kreise auf diese Problematik aufmerksam gemacht.

Mittlerweile sind 11 Jahre verstrichen. Abgasreinigung und Entschwefelung sind heute Themen, die ohne Unterlaß durch die Medien geistern. Inzwischen konnte auch die Europäische Gemeinschaft wenigstens teilweise von den notwendigen Maßnahmen

überzeugt werden. Leider fehlt in einigen Mitgliedsländern die Bereitschaft zur nötigen Beschleunigung. Es ist zu hoffen, daß hier die Marktanreize durchschlagen und auch der Bewußtseinsbildung um die tödlichen Gefahren weiterer Auftrieb beschieden ist.
Um das Überleben unserer Wälder sicherzustellen, sind vom Deutschen Alpenverein in Zusammenarbeit mit zuständigen Fachministerien Strategien entwickelt worden, die darauf zielen, vor dem möglichen Absterben größerer Schutzwaldgebiete in steilen Lagen den Aufwuchs junger Gehölze zu ermöglichen. Dies kann u. a. mittels Zäunen, Wildreduzierung und teilweiser Unterbrechung der Beweidung erreicht werden.

Die folgenden Bilder sollen dem Bergwanderer ermöglichen, sich in der freien Natur von den Gefahren durch eigenes Erkennen zu überzeugen. Nur die Bereitschaft, für die Rettung des Bergwaldes auch Opfer zu bringen, kann dazu beitragen, diese größte ökologische Herausforderung zu meistern und eine Verödung unseres Planeten abzuwenden. Die Reinheit von Luft, Boden und Wasser gibt es nicht zum Nulltarif! Möge sich dessen jeder bewußt werden!

Behielten die Worte Gültigkeit, mit welchen der Häuptling Seattle im Jahre 1855 (!) über den Begriff der „Luft“ philosophierte, so wäre uns keine Überlebenschance gegeben.

Der weise rote Mann sagte vor dem Kongreß der Vereinigten Staaten von Amerika damals folgendes:

> „Die Luft ist kostbar für den roten Mann,
> denn alle Dinge teilen denselben Atem:
> das Tier, der Baum, der Mensch — sie alle
> teilen denselben Atem. Der weiße Mann
> scheint die Luft, die er atmet, nicht zu
> bemerken. Wie ein Mann, der seit vielen
> Tagen stirbt, ist er abgestumpft gegen
> den Gestank.“

Die Kennzeichen der Waldschäden sind die Entnadelung. Das bedeutet, daß der normale Rhythmus „ein Nadeljahrgang wächst zu, einer fällt ab“ gestört ist. Fichten haben zum Beispiel zwischen sechs und 15 Nadeljahrgänge. Wenn nur einer zuwächst, aber beispielsweise drei abfallen, so erhält der Baum ein schütteres, durchsichtiges Aussehen.

„abgemagert“

normal

Verlichtung von Zirben und Fichten bis in die Höhe des Schachen. Im Hintergrund die Gipfel des Hochblassen und der Alpspitze (rechts).

Absterbende Wetterfichten auf dem Kreuzeck vor der Kulisse der Alpspitz-Nordwand.

Stark geschädigte Fichten am Wank (Estergebirge). Hier ist das völlige Absterben bereits eingeleitet.

Schadbilder unterschiedlichen Fortschritts an Fichten und Tannen im Rotmoosgebiet.

Diese Wetterfichte beim Schachengatter war vor drei Jahren noch voll benadelt. Nun zeigt sie die unverkennbaren Symptome der Baumschäden.

Starke Verlichtung einer Zirbe und der daneben stehenden Wetterfichte. Die Entnadelung ist ein Vorgang, der parallel mit dem Absterben des Wurzelwerks vor sich geht. Das heißt, daß der gleiche Anteil am Feinwurzelwerk zum Absterben verurteilt ist, den die abfallenden Nadeln ausmachen. Dieser Prozeß verläuft auch in der umgekehrten Richtung.

Sterbende Fichten vor dem Hintergrund des Kleinen Waxensteins und des Zwölferkopfs.

Abgestorben:
Ist ein Baum von Käfern (Sekundärparasiten wie etwa der Borkenkäfer) befallen, so ist er in längstens drei Monaten vollständig entnadelt. Bei den Vegetationsschäden dauert das Siechtum viele Jahre.

Starke Schädigung:
Dieser Zustand kann sich im Laufe der Jahre verschlimmern. Das Fortschreiten des Schadbildes muß nicht gleichmäßig verlaufen. Es kann sich beschleunigen oder eine Verzögerung eintreten.

Eine Beeinträchtigung der Holzqualität bei geschädigten Beständen wird bis heute bestritten. Entnadelung — Abmagerung — Saftminderung im Stamm: könnte dies nicht zu einer geringeren Elastizität des Holzes führen?

Auch in allen Tallagen ist das Schadbild zu beobachten. Die Auswirkungen sind an Straßenrändern nicht anders als an weitab davon im tiefsten Wald gelegenen Stellen. Dies hat seinen Grund in der Schadstoffverfrachtung, die über ganze Kontinente hinweg stattfindet (siehe linke Seite).

Zur folgenden Seite:
Die emotionsfreie Aufklärung der Bevölkerung über die Waldschäden wurde erstmals von der AV-Sektion Garmisch-Partenkirchen mit Hilfe der hiesigen Forstbehörden betrieben. Dies hat in weiten Kreisen des Werdenfelser Landes zu einem neuen, kritischen Naturbewußtsein beigetragen.

Abbildungsverzeichnis

Register

Die Ziffern bedeuten ausschließlich die mit einem ● bezeichneten Randzahlen, nicht die Seiten. — Zusätze wie Große [r, s], Kleiner, Hoher, Hinterer, Vorderer usw. sind nachgestellt.

NOTIZEN

NOTIZEN

NOTIZEN